El oro de la gente: ¡para todos, en todas partes, en todo momento!

Una guía práctica para principiantes sobre todo lo que necesitas saber para sacar provecho del oro

M.L. Pilgrim

© **Copyright 2021 - Todos los derechos reservados.**

El contenido en este libro no puede reproducirse, duplicarse o transmitirse sin el permiso directo por escrito del autor o del editor.

Bajo ninguna circunstancia se tendrá la culpa o responsabilidad legal contra el editor o el autor, por daños, reparaciones o pérdidas monetarias debido a la información contenida en este libro, ya sea directa o indirectamente.

Aviso Legal:

Este libro está protegido por derechos de autor. Es solo para uso personal. No se puede modificar, distribuir, vender, usar, citar o parafrasear ninguna parte o el contenido de este libro sin el consentimiento del autor o editor.

Aviso de Exención de Responsabilidad:

Tenga en cuenta que la información contenida en este documento es solo para fines educativos y de entretenimiento. Todo el esfuerzo se ha ejecutado para presentar información precisa, actualizada, confiable y completa. No se declaran ni implican garantías de ningún tipo. Los lectores reconocen que el autor no participa en la prestación de asesoramiento legal, financiero, médico o profesional. El contenido de este libro se ha derivado de varias fuentes. Consulte a un profesional con licencia antes de intentar cualquier técnica descrita en este libro.

Al leer este documento, el lector acepta que en ningún caso el autor es responsable de las pérdidas, directas o indirectas, que se incurran como resultado del uso de la información contenida en este documento, incluidos, entre otros, errores, omisiones o inexactitudes.

Tabla de contenido

INTRODUCCIÓN 1

CAPÍTULO 1: ¿POR QUÉ EL ORO? 7
    ¿POR QUÉ EL ORO ES TAN POPULAR COMO INVERSIÓN? 9
    CORRELACIÓN DEL PRECIO DEL ORO CON OTRAS INVERSIONES 18
    FACTORES QUE DETERMINAN EL PRECIO DEL ORO 22
    ¿CUÁL ES LA SITUACIÓN ACTUAL DEL ORO? 27

CAPÍTULO 2: CÓMO INVERTIR EN ORO 33
    CÓMO GANAR DINERO CON EL ORO 35
    ¿CUÁL ES EL PRECIO DEL ORO AL CONTADO? 36
    5 TIPOS DE INVERSORES DE ORO 42
    ERRORES QUE DEBES EVITAR 44

CAPÍTULO 3: GUÍA DE PASOS A SEGUIR PARA INVERTIR EN ORO 49
    CÁLCULO DE LA TASA DE RENDIMIENTO 64
    ESTRATEGIAS DE INVERSIÓN 66
    CONSIDERACIONES FISCALES 74
    CÓMO PROTEGERTE DE LAS ESTAFAS 78

CAPÍTULO 4: CÓMO ENCONTRAR ORO 83
    QUÉ HACER Y QUÉ NO HACER AL COMPRAR ORO 88
    DÓNDE GUARDAR EL ORO 92

CAPÍTULO 5: CÓMO INCORPORAR EL ORO A TU CARTERA DE INVERSIONES 96

CAPÍTULO 6: LA VENTA DEL ORO 100
    EL PROCESO DE VENTA DEL ORO 101

CAPÍTULO 7: SECCIÓN EXTRA - CÓMO VENDER PLATA 106

CONCLUSIÓN 110

REFERENCIAS 112

Introducción

En tiempos de incertidumbre económica, el oro a menudo supera a las acciones y a los bonos, lo que lo convierte en una de las inversiones más seguras que podrías realizar en tu vida. Es bueno para cualquiera que quiera invertir en cualquier parte del mundo y en cualquier momento, tanto si la economía está en auge como si no. Si te enfocas en 2020, en el período de la pandemia del Covid-19, nunca te habrías imaginado que sería un buen momento para invertir en algo como el oro. Sin embargo, es el mejor momento para invertir, y se puede hacer con poco o mucho dinero, lo que demuestra que es realmente una inversión para todos en cualquier momento.

Este libro es para todos los que quieren, pero no saben cómo invertir en oro y tal vez lo consideren un esfuerzo muy arriesgado. En todo caso, la pandemia del Covid-19 le ha demostrado al mundo cómo las economías y los mercados financieros pueden romperse, solo para reconstruirse nuevamente de diferentes maneras. Por otro lado, escrito en medio de la pandemia, antes de que llegue la vacuna final, este libro te guiará a comprender el pasado, el presente y el futuro del oro como inversión principal para el inversor principiante.

Incluso en épocas negativas, todavía hay muchas cosas positivas que considerar. Siempre habrá riesgos involucrados en cualquier cosa que intentes hacer que valga remotamente la pena. Entonces, como siempre habrá riesgos, no importa lo que intentes hacer. Lo único en lo que debes enfocar tu tiempo es en aprender acerca de lo que no debes hacer. Lo mejor del oro como inversión es que es seguro en su mayor parte, y si puedes aprender los detalles del negocio, entonces podrás prosperar como inversor.

Uno de los mayores conceptos erróneos que tiene la gente, es que no pueden comerciar con el oro o sacar un beneficio significativo de él porque no tienen mucho dinero para empezar. Como resultado, es fácil decirte a ti mismo que cualquier tipo de inversión es una pérdida de dinero y tiempo. Sin embargo, con tan solo unos cientos de dólares, puedes empezar.

"El deseo del oro no es por el oro en sí mismo, sino por su significado de libertad y beneficio".

-Ralph Waldo Emerson

¿Cuál es tu razón?

Todo el mundo tiene una razón para invertir. La respuesta obvia es ganar dinero, ¿cierto? Pero para muchas personas también puede ser algo más profundo que eso. ¿Cuál es la razón por la que quieres ganar dinero con las inversiones? ¿Es porque no sabes cómo obtener más ganancias de otra manera? ¿Quieres hacer más dinero para aumentar las oportunidades que tienen tu y tu familia? ¿Es con el propósito de establecer más seguridad financiera? ¿O por otro propósito centrado en los demás? Haz que tu inversión sea lo suficientemente rentable como para poder comprar tu tiempo y que ya no necesites tener un trabajo. Entonces podrás dedicar ese tiempo a tus seres queridos, para ayudar a tu comunidad y, sobre todo, a los más necesitados.

La sociedad se divide en tres clases: la baja, la media y la alta. En lo que respecta a la inversión, existe la idea errónea de que muy pocas personas de las clases baja y media pueden invertir con éxito. Unos pocos cientos de dólares en una inversión en oro no te darán el impulso definitivo que necesitas para lograrlo inmediatamente. Sin embargo, si juegas bien tus cartas, podrías marcar una diferencia significativa en tu vida. La inversión en oro es para todos. No discrimina. Ciertamente, los que tienen más conocimientos y habilidades ganarán más, mientras que los que tienen menos conocimientos y habilidades ganarán menos, independientemente del estatus social, la clase, etc.

Al final de cuentas, todo depende de nosotros. Un buen ejemplo es estar atrapado en un trabajo que te permite pagar tus facturas. A final de mes, no te deja ningún dinero extra. Por eso, algo rentable y seguro como una inversión en oro podría hacer maravillas por ti. Si nunca has sido capaz de ahorrar dinero, también podrás hacerlo.

Independientemente de tus razones, te aseguro que invertir en oro no es tan difícil, solo parece complicado cuando lo buscas en Google o entras en la sala de operaciones porque no sabes por dónde comenzar. Pues bien, esto es todo, aquí es donde puedes empezar y sobresalir en un futuro de posibilidades. Lo único que tienes que hacer es mojarte los pies y sumergirte en el terreno del conocimiento.

Aparte de lo obvio, que es ganar dinero, el hecho de que puedas aprender todo lo que necesitas saber como nuevo inversor a partir de una guía, te ahorraras mucho tiempo. Seamos realistas, si tienes que aprender sobre el oro y cómo utilizarlo para invertir y ganar más dinero, es probable que seas un nuevo inversor. Eso significa que probablemente tengas fondos limitados para hacer tu inversión inicial. Al trabajar con esta guía, entenderás todo lo que necesitas saber para evitar perder tu dinero. También te permitirá obtener los beneficios de tu inversión, y sentirte finalmente a gusto para enfrentarte al mundo del oro en la plataforma global. Si te preocupa perder tiempo, y no solo dinero, puedes estar seguro de que también aprenderás a convertirte en un inversor eficiente. Esta guía puede llevarte al punto en el que serás capaz de obtener más beneficios en menos tiempo.

Comenzarás este camino estando expuesto a conocimientos que están afinados y dirigidos a tu beneficio para comerciar exitosamente con el oro. A algunas personas les puede llevar meses, y a veces incluso años aprender a operar correctamente con el oro. Esta guía te enseñará los fundamentos de la inversión en oro, incluyendo cuál es su posición en el mercado. Aprenderás a comprar oro como pequeño inversor y a mantenerlo. También te dará a conocer la razón por la que puedes invertir en oro en cualquier momento, cómo comprarlo y almacenarlo. Además, te enseñará lo que no debes hacer, para evitar caer en estafas u operar de forma irresponsable. Obtendrás conocimientos sobre los ETFs de oro, acompañados de un manual sobre cómo invertir en oro como un completo principiante para llegar a ser un inversor de éxito. Agregado a esto, obtendrás conocimientos sobre cómo invertir en plata.

Siento una gran responsabilidad y emoción por enseñarte los conocimientos que he adquirido a lo largo de los años, incluyendo lo que aprendí al cometer errores. En la sociedad, el fracaso siempre se ha pintado como esta gran cosa terrible que tenemos que evitar. Sin embargo, hay una lección que hemos dejado de reconocer. Es una gran parte de lo que frena a mucha gente también. Es fracasar hacia adelante.

Yo perdí millones cuando empecé como empresario, lo que, como podrás imaginar, me cegó al principio. Al principio, cuando empecé a invertir en diferentes minerales no parecía que fuera a progresar en lo absoluto, pero lo hice. Incluso con una pérdida muy grande, gané mucha más riqueza. No solo en términos de dinero, sino también de conocimiento. Cuando empecé a perder dinero, tomé la decisión de que iba a ser resistente en mi búsqueda de las riquezas que me esperaban al otro lado de una operación. Decidí mirar más allá de todos mis fracasos y tomar lo que he aprendido para mejorar en mis futuras operaciones. Mi creencia constante en el poder de mi mente, y en especial el de mi subconsciente, me ayudó a lograr el éxito que necesitaba para prosperar y continuar con mi proceso de crecimiento sin importar lo desesperado que me sentía por mis pérdidas.

Después de perder y luego ganar tanto, he desarrollado algo más que la resiliencia para resistir el fracaso. También me he apasionado extraordinariamente por lo que hago y por cómo hacerlo de la manera más eficaz. Por eso me complace tanto compartir mi manual sobre cómo invertir en oro, independientemente de la cantidad (o la escasez) de capital inicial que tengas para iniciar tu propio viaje. Me entusiasma compartir toda la información que he obtenido a lo largo de los años para que tú también puedas convertirte en un inversor exitoso de oro.

En la actualidad invierto en bonos, fondos de inversión, ETFs, bienes raíces, generación de energía, logística, banca, comercio minorista y telecomunicaciones, lo que significa que soy un inversor muy completo. Además de mis conocimientos y experiencia, también he trabajado en diez países diferentes debido a mi fascinación por la cultura, las tradiciones y la belleza de la naturaleza. Me considero un visitante de países y no un residente porque me encanta viajar mucho. La razón por la que vivo como lo hago también conlleva un propósito mayor, uno que quiero inculcar dentro mi papel como padre. Quiero hacerle creer a mi hijo que puede tener éxito en la vida sin importar lo que decida hacer, y a tí quiero enseñarte lo mismo.

Puedes tener éxito en los negocios, en las relaciones, en la sociedad y en cualquier otro aspecto de tu vida si tienes la información y el conocimiento adecuados para implementar decisiones acertadas en tu vida. Te presento este manual para guiarte sobre cómo invertir sabiamente porque todos sabemos que trabajar de 9 a 5, cinco días a la semana o incluso más, por un dinero que no te lleva muy lejos, no cambiará tu vida. Solo retrasará las cosas que realmente quieres hacer. Lo que tienes que entender es que puedes hacerlo. Puedes tener tanto éxito como yo. Recuerda que todos los que tienen éxito en la actualidad empezaron con lo mismo, o incluso con menos que tú, y eso algo que te impulsará hacia tu mejor década de éxito y más allá. Ahora mismo, agradezco el gran privilegio que tengo de poder enseñarte a cambiar tu vida y a superarte a ti mismo.

Capítulo 1:

¿Por qué el oro?

Si estás al tanto de los diferentes tipos de inversiones que existen y has seguido las noticias y los informes de los mercados internacionales de forma constante, sabrás reconocer que el oro es una inversión comercial. Es una materia prima atractiva que forma parte de una familia de metales preciosos que incluye a la plata, el platino y el paladio. Es conocido por su longevidad, su maleabilidad y su resistencia al calor y a la electricidad, las cuales son unas de sus propiedades más distintivas y valiosas. El oro se utiliza principalmente en industrias como la electrónica y la odontológica.

Debido a su gran rentabilidad, es un metal comercial muy popular. También es inmensamente famoso en la industria de la joyería, lo que significa que siempre tiene una gran demanda. Eso es lo bueno de invertir en oro, que nunca perderá su demanda, y esto también ocurre con otros metales preciosos y semipreciosos populares como la plata.

La mayor preocupación de la gente a la hora de invertir es la incertidumbre en la economía. Si piensas tomarte en serio la planificación financiera y las inversiones comerciales, puedes considerar la posibilidad de realizar diferentes inversiones a la vez, como acciones y bonos, fondos de inversión, fondos fiduciarios u otros productos básicos. Dado el riesgo que conllevan muchas inversiones comerciales, existe una razón por la que la gente prefiere invertir en oro. Básicamente, es porque el oro es una de las inversiones menos arriesgadas que se pueden hacer. Tanto si tienes previsto realizar muchas inversiones, como si solo te quieres centrar en los metales preciosos, siempre será conveniente tener oro en la mezcla.

Un buen ejemplo de una inversión que ha sido incierta en el mercado es el bitcoin, entre otras criptomonedas. Estas se han convertido en una inversión muy popular en los últimos años, pero también en una de las más riesgosas. Cuando la criptomoneda tuvo su auge en 2017 y se desplomó en 2018, los inversores perdieron 1.700 millones de dólares solo en los Estados Unidos (Hankin, 2019). Al ver una pérdida así, parece que no merece la pena invertir en algo que no entiendes. Debido a su imprevisibilidad y al hecho de que mucha gente no entendía la criptomoneda, no había seguridad en cuanto a su rendimiento en el mercado. No importa cómo se mire, al fin y al cabo era una inversión de alto riesgo.

Los metales preciosos como el oro son todo lo contrario porque son un "activo duro", es decir, un activo tangible que actúa como un recurso de valor fundamental. El oro es reconocido como una inversión de refugio, y es creíble porque ha existido durante mucho tiempo. No solo es una inversión atractiva, sino que ha logrado mantener su valor, a diferencia de una variedad de monedas físicas, que se han desplomado en las culturas a nivel mundial a lo largo del tiempo. Los activos duros también incluyen otras materias primas, bienes inmuebles y energía. La razón principal por la que es tan seguro es que puedes mantenerlo en tu propia posesión como activo, en caso de que su valor se vea amenazado en el mercado. Eso es algo que no siempre puedes hacer con muchos otros tipos de inversiones u otros tipos de metales preciosos. De este modo, básicamente puedes controlar cómo se ve afectado el valor de tu inversión. Si sabes cómo proteger tu oro en el mercado y almacenarlo de forma segura hasta que llegue el momento adecuado para venderlo, será muy poco probable que pierdas la oportunidad de beneficiarte de tu inversión en oro. Dado que se recomienda comprarlo en épocas de dificultad, pero también puedes comprarlo cuando las economías y los mercados se comportan bien, puedes obtener beneficios gradualmente en cualquier momento.

¿Por qué el oro es tan popular como inversión?

Si tienes un par de inversiones a tu nombre, probablemente sepas por qué es crucial tener una variedad de inversiones. Siempre existirá la posibilidad de que algunas de ellas no funcionen como a ti te gustaría. Las distintas inversiones tendrán un rendimiento diferente, ya que se verán afectadas por diversos factores, por lo que mantener más de una es un paso en la dirección correcta. Cuando inviertes el dinero que tanto te ha costado ganar en cosas que no entiendes, corres un gran riesgo de perder tu dinero o tus posibles ganancias.

Realmente puedes beneficiarte mucho de la inversión en metales preciosos, ya que es un activo duro que puedes controlar en tiempos de incertidumbre económica. Poseer metales preciosos es perfecto para cualquiera que se inicie en el mundo de las inversiones. Es sencillo de entender, es tangible y fácil de trabajar, a diferencia de las materias primas como los productos agrícolas que necesitan ser mantenidos. Con los metales físicos no es necesario ser precavido en comparación con otras inversiones durante las turbulencias económicas. El oro se considera una inversión de crisis porque es indestructible y no puede deteriorarse con el tiempo. Te permite poseer un activo libre de tecnología, ya que no depende de los servicios públicos ni de ningún tipo de tecnología digital como las monedas digitales.

Si optas por un activo físico en lugar de almacenar el oro digitalmente, el oro que poseas será en forma de monedas o lingotes. Con esto en tu poder, puedes estar seguro de que no necesitas un gran espacio para guardarlo. Puedes guardarlo en tu casa, preferiblemente en una caja fuerte. En este caso, necesitas tener tu propio seguro. Los metales preciosos también pueden ser resguardados por una póliza de seguro de hogar, como complemento que cubra el posible robo de los metales físicos que poseas. Esta póliza complementaria de protección ampliada también se denomina endoso de bienes personales programados, según Forbes (Egan J, 2020), y está disponible en los Estados Unidos. El oro también está libre de cualquier riesgo de contraparte, lo que significa que no necesitarás ningún contrato o responsabilidad compartida para mantenerlo en tu posesión.

Las monedas o los lingotes son los más adecuados para los pequeños inversores principiantes. Los lingotes de oro, sin embargo, son los preferidos por los grandes inversores o los compradores institucionales. Estos profesionales han adquirido ciertos conocimientos en el sector del comercio y suelen tener más dinero para invertir. Los pequeños inversores pueden comprar lingotes de oro, pero solo si se trata de una onza por lingote, ya que de lo contrario probablemente será demasiado caro. Si quieres iniciar correctamente tu inversión en oro, puedes optar por las monedas de lingotes. Las mejores opciones son la *Gold American Eagle* o la *South African Krugerrands*. Estos dos tipos de divisas son monedas soberanas. La ventaja de ellas es que son fácilmente reconocidas por los comerciantes de todo el mundo, lo que las convierte en un producto de fácil comercio.

Si observamos la gama de monedas preciosas, el oro siempre ha sido reconocido como la moneda número uno entre la plata, el bronce, el platino y el paladio. Se puede invertir en cualquiera de ellas, pero el oro y la plata son las más populares. La inversión en plata también se discute a mayor profundidad en una sección extra de esta guía. Ambos tienen sus pros y sus contras, lo que hace que elegir uno para invertir sea un poco difícil. Aun así, la gente opta por el oro porque contiene más valor que la plata o cualquier otro metal precioso. El precio del oro es menos volátil que el de la plata, especialmente porque también se puede comprar el oro en su forma líquida. A diferencia de las acciones y los bonos, también se prefiere el oro porque tiene una tasa de rendimiento medio del 315%. Está protegido contra la inflación y la deflación y puede proporcionarte cobertura financiera en tiempos de incertidumbre macroeconómica o geopolítica. Incluso ha superado la tasa de rentabilidad del *Dow Jones Industrial Average*, que es del 58% en el mismo número de años. En comparación con el *Fidelity Investment Grade Bond Fund* (FBNDX), la tasa de retorno del oro, que fue del 315% en 2019, superó en más del doble a la tasa de retorno del FBNDX que es del 127% (Blackstone V. L, 2019).

¿Por qué es tan popular el oro? Al poseer metales preciosos, tienes la oportunidad de diversificar tu cartera. Dado que el oro no se corroe ni pasa de moda, se utiliza tanto como moneda como en la industria de la joyería. Se puede fundir con calor, lo que facilita su trabajo y su venta. Su maleabilidad permite estamparlo y hacer una moneda duradera. Cuando empieces a comerciar con oro, descubrirás que puedes comprarlo en casi todos los países, y que muchos países desarrollados mantienen algo de oro en reserva como parte de la política de sus bancos centrales. Esta política protege a los países contra un posible desastre económico y la hiperinflación para garantizar que no pierda su valor en el mercado. Tanto si tus objetivos son a corto como a largo plazo con la inversión financiera, puedes empezar invirtiendo en una o más de cuatro formas distintas.

Los cuatro métodos de inversión incluyen:

- Fondos cotizados en la bolsa (ETFs por sus siglas en inglés): es una cesta de fondos que te permite seguir las materias primas o un índice de ellas. Te proporciona una inversión segura de la que puedes beneficiarte cuando otros inversores compran metales. Hay un ETF para los tres metales más populares, como el oro, la plata y el platino en forma líquida.

- Metales físicos: se trata de bienes físicos, como monedas, lingotes y cartuchos, que permiten una inversión tangible. Esta es la mejor opción para quien quiera acumular riqueza durante muchos años porque es el refugio seguro de las inversiones. Independientemente de las circunstancias de la economía o de los mercados financieros, el valor del oro siempre aumentará con el tiempo. El único aspecto potencialmente negativo de poseer metales físicos es que tienes que tenerlos asegurados, lo que significa que tienes que almacenarlos en tu casa o en un banco, o en cualquier otro lugar que pueda mantenerlos seguros.

- Acciones de oro y plata: es una inversión en empresas que extraen metales preciosos. Es la opción perfecta para quien quiera invertir en el mercado de forma indirecta.

- IRA de metales preciosos: es una forma de poseer metales en el banco en lugar de mantenerlos contigo en casa, y con esto puedes almacenarlos y transportarlos.

El siguiente gráfico muestra los datos históricos del rendimiento del oro en dólares estadounidenses en el mercado durante los últimos diez años (Macrotrends, s.f.).

Al revisar el gráfico de rendimiento, se puede ver que el valor del oro ha aumentado significativamente a lo largo del tiempo. Aunque no solo ha aumentado sino que también ha disminuido, ha sido tan leve que no ha supuesto una gran diferencia de valor. Al igual que el oro se superó a sí mismo en comparación con los años anteriores, con la excepción de 2012 a 2014, ha superado a otras inversiones, incluyendo las siguientes:

- **S&P 500**

    A continuación se muestra un gráfico que compara el valor del S&P 500 con el valor del oro. Este gráfico se encarga de seguir la relación del índice de mercado S&P 500 con el precio del oro. El eje vertical muestra cuántas onzas de oro costaría comprar el S&P 500 y el eje horizontal en que momento ocurriría dentro de los últimos 50 años (Macrotrends, s.f.).

    El precio actual del oro, del 27 de noviembre de 2020, es de 1.785,62 dólares por onza. Sobre la base del precio actual del S&P 500, de 3.621,63 dólares, se necesitarían unas 2 onzas de oro para comprar el S&P 500. La tendencia de ambos gráficos indica que el precio del oro está bajando actualmente, lo que indica que es un buen momento para comprar oro.

    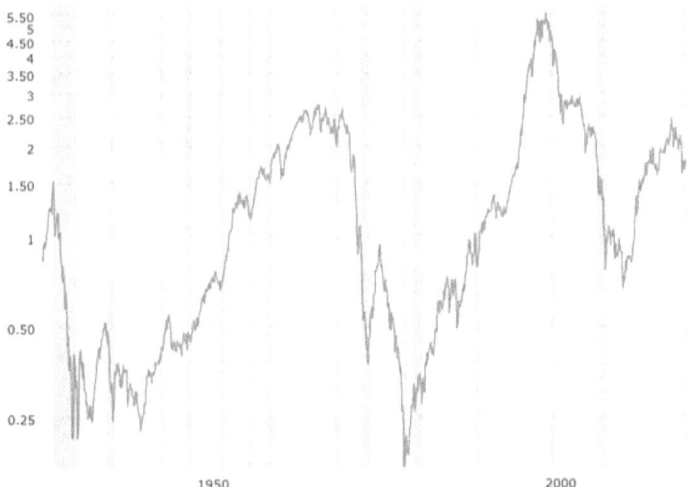

- **Dow Jones**

    El siguiente gráfico muestra la relación entre el promedio industrial Dow Jones y el precio del oro. El eje vertical muestra el número de onzas de oro necesarias para comprar el Dow en un año determinado durante los últimos 50 años (Macrotrends, s.f.).

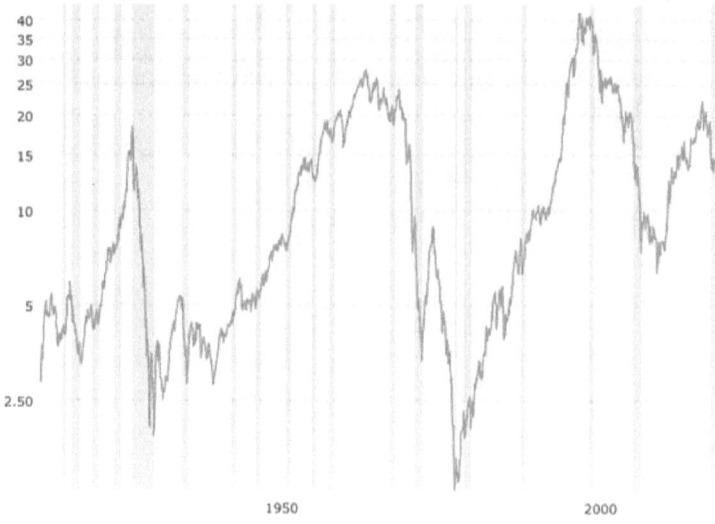

- **La plata**

El siguiente gráfico de la plata y el oro muestra la relación entre los precios del oro y la plata en los últimos 100 años, desde 1915 (Macrotrends, s.f.). Muestra el número de onzas de plata que se necesitarían para comprar una onza de oro.

El precio actual del oro a 27 de noviembre de 2020 es de 1.785,62 dólares, mientras que el precio de la plata es de 22,57 dólares por onza. Observando el gráfico, se aprecia una tendencia continua a la baja en 2020. Esto concuerda con los gráficos anteriores que muestran el reciente descenso del precio del oro, y este patrón probablemente continuará durante algún tiempo a menos que se produzca un cambio rápido en el mercado o la economía. Aunque es posible obtener beneficios de las inversiones en oro tanto si el precio del oro aumenta como si disminuye, puede ser más fácil para los nuevos inversores obtener beneficios si compran oro cuando los precios son bajos.

- **Precios históricos**

El siguiente gráfico muestra los registros históricos de los precios del oro por onza cada año, todos ellos ajustados a la inflación (Macrotrends, s.f.).

En este gráfico, podemos ver que el precio del oro ha pasado por varios máximos y mínimos importantes. Algo similar a lo que podemos ver en el gráfico de los últimos 10 años de precios del oro. Sin embargo, cuando observamos la línea de tiempo más amplia que se muestra aquí, podemos apreciar que a largo plazo el precio del oro, y por lo tanto su valor, aumenta constantemente.

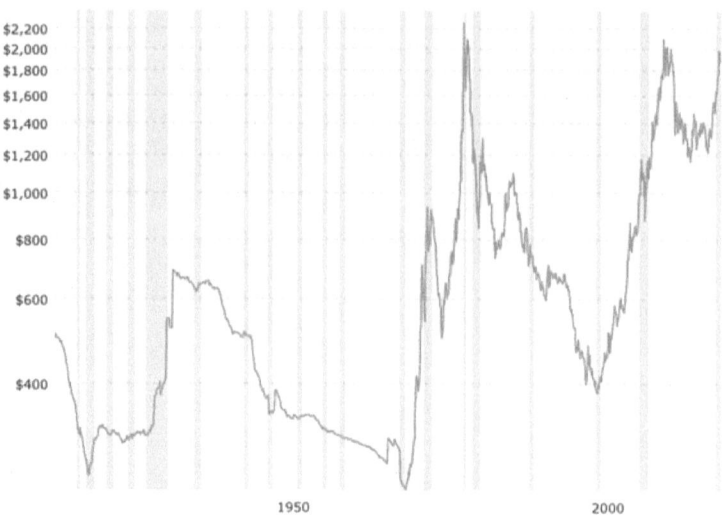

- **Bienes raíces**

    El gráfico de la relación entre los bienes raíces y el oro, mide el total de oro que se necesitaría para comprar una propiedad, en particular una vivienda unifamiliar. Mide el precio de las viviendas unifamiliares existentes en los últimos 50 años (Long Term Trends, s.f.).

    El índice de *Shiller Case Homes Price* mide el precio medio de las viviendas unifamiliares existentes. Este índice es una de las medidas principales de los precios de los inmuebles residenciales en los Estados Unidos. La relación entre los bienes raíces y el oro a lo largo del tiempo ha identificado los puntos de inflexión de los precios a largo plazo. Esta correlación es útil para entender cuándo un activo está barato o caro. Dado que no hay un componente en dólares en la relación, la inflación no está involucrada. Como podemos ver, la tendencia ha disminuido recientemente. Esto se debe a que un rendimiento creciente indicaría una economía fuerte, mientras que un rendimiento decreciente, como vemos en las dos últimas décadas, indica una economía debilitada. Si el precio de los bienes raíces al oro está en una tendencia decreciente, indica que es un buen momento para comprar ambos activos.

Es importante invertir en oro en el momento adecuado. Para ello, hay que observar los resultados de las rentabilidades pasadas durante un periodo extenso, como 50 años. El oro es una inversión de larga duración. Observa su rendimiento a largo plazo, como 30 años, frente a un plazo más corto de 15 años, y notarás mejores resultados a largo plazo. La inversión en oro no debería ser una inversión mensual. Debe ser preferiblemente a más largo plazo para cosechar los mejores resultados a lo largo del tiempo. De este modo, siempre que la economía tenga un rendimiento bajo, haya una crisis financiera o un factor relevante afecte negativamente a los mercados de valores, verás un rendimiento significativo de tus inversiones en oro.

Correlación del precio del oro con otras inversiones

Siempre que los mercados de capitales enfrentan turbulencias, el oro supera a otros tipos de inversión. Suele ser en estos momentos, como con la pandemia del Covid-19, cuando los inversores buscan específicamente una inversión de refugio.

A menudo existe una dinámica inversa entre los metales preciosos y los valores como las acciones. Cuando hay una contracción en el mercado, el oro tiende a tener una correlación negativa, lo que significa que su valor aumenta. Cuando los tipos de interés son negativos, ya sea el tipo real o el ajustado a la inflación, el oro ha logrado un rendimiento del 15,3%, que es el doble del rendimiento anual de los bonos. Sin embargo, durante los períodos de altos tipos de interés reales, el rendimiento del oro ha sido negativo, pero este es un resultado poco probable en las condiciones actuales del mercado.

Es común pensar que el oro y las criptomonedas parecen ser el par de activos menos predecibles para tener algo en común. Sin embargo, tanto el bitcoin como el oro han aumentado significativamente su valor en 2020. Estas dos inversiones se apoyan en la impresión de dinero fiduciario por parte de los bancos centrales y los gobiernos, que pretenden mantener sus economías vivas durante la pandemia.

El bitcoin alcanzó un máximo anual de 12.000 dólares, y el oro aumentó hasta un récord de 2.000 dólares por onza. Cuando Rusia anunció la aprobación de la vacuna, el bitcoin cayó un 3,9% hasta los 11.200 dólares, y el oro un 4,7% hasta los 1.932 dólares, lo que supuso la mayor caída del día para el oro en siete años. Se produjo un doble descenso que indica mejor la correlación entre las dos inversiones preferidas. La caída del precio de ambas inversiones indicaba un momento ideal para comprar aún más, concretamente oro (Rothans J, 2020).

Otros metales preciosos como la plata y el platino comparten similitudes con el oro. Todos ellos proporcionan una oportunidad para una buena inversión, incluso si los precios siguen fluctuando. Por otro lado, el oro y el arte no están bien correlacionados, ya que tienden a moverse en direcciones opuestas.

El oro se distingue de otras materias primas porque rinde al máximo cuando aumenta la volatilidad del mercado. En cuanto al sector inmobiliario, los cambios en el precio de la vivienda no suelen estar correlacionados con el oro y ambos se mueven de forma independiente.

El oro tiene conexiones positivas con inversiones como acciones, bonos, criptomonedas y otras materias primas. Los inversores prefieren apostar por el oro sobre el dólar estadounidense debido a la seguridad que este les proporciona. El oro tiene una correlación negativa con el dólar estadounidense, pero un vínculo positivo con el franco suizo (CHF) porque más del 25% está respaldado por reservas de inversión en oro. Además, existe un vínculo positivo con el dólar australiano porque Australia es el segundo país en producir la mayor cantidad de oro después de China a nivel mundial.

Los datos históricos demuestran que el oro se comporta de forma única en diferentes escenarios, como:

- El rendimiento real del bono del Tesoro a los 10 años es negativo

Esto demuestra que los tipos de intereses reales siguen siendo inferiores a cero. Si se compara el rendimiento anual compuesto, por una serie de activos con un rendimiento negativo a los 10 años, el oro superará a todas las clases de activos más importantes. Esto incluye el dólar estadounidense, las materias primas, la renta variable y los bonos del Tesoro. Cuando el mundo experimenta un estiramiento del mercado a gran escala, los tipos reales se vuelven negativos, lo que hace que los inversores tiendan a optar por activos seguros. Un entorno de tipos de intereses reales negativos estará provocado por las altas tasas de inflación. Esto es positivo para el oro y proporciona un alto rendimiento en cualquier clase de activo.

- La renta variable permanece en un mercado bajista

Un mercado bajista se refiere a cuando un mercado experimenta una caída de precios prolongada. Describe un espacio en el que los precios de los valores bajan al menos un 20% (Chen, 2020). En este escenario el oro supera a otras clases de activos en los períodos en los que se experimenta una tensión en el mercado de renta variable. El rendimiento compuesto histórico del oro en este escenario se traduce en mayores descensos de las acciones. Por lo general, es mayor que los retornos de los bonos (bonos del Tesoro), y se produce porque el oro presenta una protección contra la inflación y la crisis.

- Precios de las materias primas en un mercado alcista

Un mercado alcista se refiere a una condición del mercado financiero en la que los precios suben o se espera que suban. Suele referirse al mercado de valores, pero puede aplicarse a cualquier cosa que pueda negociarse, incluidos los bonos, las monedas, los bienes inmuebles y las materias primas. Por otra parte, el oro proporciona un retorno positivo en medio de los mercados bajistas de la renta variable. Cuando esto ocurre, un mercado experimenta un descenso de precios a largo plazo, mientras que las materias primas solo aglutinan micro pérdidas. Con las materias primas, el oro coincide con el rendimiento durante los mercados alcistas.

- El dólar estadounidense en un mercado bajista

Un mercado bajista para el dólar estadounidense puede producirse por muchas razones, empezando por los déficits comerciales y presupuestarios, los cuales también influyen en la toma de decisiones de la política monetaria. En un mercado bajista, el oro supera a otras clases de activos, concretamente porque los inversores lo consideran una moneda de último recurso.

- Los bonos del Tesoro de los Estados Unidos se encuentran en un mercado bajista

Los bonos del Tesoro de los Estados Unidos en el mercado bajista indican un entorno de intereses en ascenso. Estos mercados se producen en el momento en que los precios de los bonos del tesoro disminuyen un 10%. Cuando esto ocurre, el oro supera a la renta variable y ofrece los mejores resultados, lo que también provoca un aumento de la inflación. Esto puede observarse en períodos históricos en los que la renta variable y los bonos del tesoro han superado al oro en momentos de dificultad en el mercado.

- La volatilidad del mercado aumenta

Cuando la volatilidad del mercado es alta, el Tesoro de los Estados Unidos obtiene los mejores resultados. El oro también tiene un rendimiento positivo durante este periodo, con una rentabilidad anualizada de aproximadamente el 5%. También sirve como una útil cobertura contra la crisis para las carteras de los inversores.

El oro no se puede imprimir ni falsificar, lo que lo convierte en una inversión ideal en tiempos de dificultad para todos los países del mundo. Al ser universalmente aceptado, se le considera el oro del pueblo, es decir, la inversión ideal para el pueblo. El único inconveniente del oro es que no produce ningún rendimiento en tiempos de estabilidad económica. En cambio, conlleva costes de almacenamiento. Esto es lo que diferencia al oro de la mayoría de los tipos de inversión. Por otro lado, el oro también se destaca en presencia de dificultades económicas o tensiones financieras, lo que también lo distingue de otros tipos de inversiones. Cuando se compra oro en épocas difíciles a un precio de coste bajo, lo importante de esta inversión en particular, es que es a largo plazo, y debe mantenerse como tal hasta que se pueda vender este oro cuando el mercado vuelva a tener un rendimiento óptimo.

Cuando se considera el oro como una inversión, el propósito de la misma es bastante simple. Obtendrás beneficios si estás informado y eres paciente.

Factores que determinan el precio del oro

Para entender cómo ganar dinero utilizando cualquier forma de oro que compres, tienes que ser consciente acerca de los factores que influyen en el precio del oro. En general, los precios del oro alcanzan un mínimo cíclico cada seis meses. Si algo interfiere en el ciclo, este periodo se acorta. A lo largo del tiempo, el valor del oro ha mostrado tendencias anticíclicas debido a la fortaleza de la economía en presencia de dificultades económicas. Cuando una economía sobresale y crece, el precio del oro aumenta, lo que hace que sea un mal momento para comprar. Cuando la economía experimenta turbulencias, el precio disminuye, lo que hace que sea un buen momento para comprar. Por lo que es necesario tener en cuenta los siguientes factores que te darán una clara indicación de cuándo comprar y vender oro:

1. Prosperidad mundial

La demanda de oro aumenta con la prosperidad, lo que incrementa el valor del mismo. Esto ocurre cuando la riqueza y el crecimiento económico de un país sobresalen, lo que ha sido evidente a lo largo de la historia. Se puede ver con las fases de auge y caída de la economía que afectaron al oro. Cuando se produce una fase de auge, afecta positivamente a la demanda de oro físico, incluidas las monedas, los lingotes y los valores respaldados por el oro. Esto hace que la demanda de oro aumente tanto para las inversiones como para las joyas de oro. Estos son dos mercados que se sustentan en la clase alta.

2. Aplicaciones industriales

Este factor desempeña un papel importante en la evolución del precio del oro. Aunque la mitad del oro mundial se vende en forma de joyas, la otra mitad se distribuye para aplicaciones industriales. Esto incluye la producción de componentes automovilísticos para construir vehículos de motor. Aparte de la industria del automóvil, las industrias del campo químico y médico también dependen en gran medida del oro.

Esto es especialmente cierto en 2020 y durante la pandemia del Covid-19, ya que el oro es necesario para la producción de las pruebas de detección de Covid-19 por RT-PCR. Este metal precioso también se utiliza para producir pruebas de detección de antígenos y anticuerpos contra la malaria y se emplea con fines mecánicos para tratar el reumatismo. Con la demanda de la tecnología, concretamente de dispositivos inteligentes, que aumenta cada año, el oro es muy buscado para la construcción de teléfonos móviles e incluso de una variedad de accesorios tecnológicos (Kinross World, 2020).

El oro utilizado en la tecnología se ha convertido en uno de los mayores mercados del mundo, especialmente porque en la actualidad todas las personas necesitan un teléfono móvil. Como te puedes imaginar, con esta creciente demanda de oro en algunas de las mayores industrias y mercados, la búsqueda del oro va a aumentar aún más en el futuro. Eso lo convierte en un metal precioso bueno para invertir. Pase lo que pase en la economía, la demanda de oro siempre estará ahí, a menos que el recurso se agote con el tiempo. Se recuperará, independientemente de que su valor baje de vez en cuando.

La extracción de oro es bastante cara, pero se extraen 4.000 toneladas de oro al año, lo que resalta más el hecho de que se puede ganar mucho dinero invirtiendo en este producto. El total de oro extraído anualmente desempeña un papel importante en el precio del oro. Dado que la demanda es alta en muchas industrias, el precio se mantendrá estable a menos que la demanda baje, lo que es muy poco probable. Se prevé que las reservas naturales de oro, debido a su gran demanda, se agotarán en los próximos doce años, en 2032. Por suerte, muchos países ya han empezado a reciclar oro para satisfacer la demanda actual, y hasta el 30% de la demanda mundial de oro ya se satisface con el oro reciclado (Xetra-Gold, 2020).

3. Bancos centrales

Según el Consejo Mundial del Oro, los bancos centrales de todo el mundo suelen dar prioridad al oro como reserva monetaria. La razón de esto es que los bancos centrales han ampliado sus tenencias de oro a lo largo del tiempo, lo cual se ha hecho evidente en los últimos años, con 34.789 toneladas de oro guardadas en las bóvedas de seguridad de estos bancos. De esta reserva de oro, 10.766 toneladas corresponden a los bancos centrales de la eurozona, lo que representa el 59% de las reservas monetarias. Un cambio en la estrategia de los bancos centrales de todo el mundo podría hacer que las ventas de oro aumentaran aún más en el mercado, lo que podría provocar un descenso masivo del valor de su precio (Xetra-Gold, 2020).

4. Alta inflación

Cuando las tasas de inflación aumentan, se dispara el precio del oro a mediano plazo, como ha sido el caso durante décadas. Por esta razón, el oro se considera una cobertura contra la inflación, ya que aumenta su valor cuando el poder adquisitivo del dólar estadounidense disminuye. Una inversión en oro es literalmente un medio de protección contra la inflación, que si es alta, es reconocida como algo negativo por la sociedad. No es muy probable que los precios del oro se beneficien de tasas de aumento moderadas, o que los bonos del Estado indexados a la inflación se presenten como una alternativa preferible que genera intereses. De hecho, los bonos del Estado se vuelven más seguros y ayudan a aumentar el precio del oro, lo que supone una oportunidad para beneficiarse exponencialmente del oro.

5. Fluctuaciones de las tasas de interés (política monetaria)

El oro tiene muchos valores, pero no contiene ningún riesgo de incumplimiento. Comparte una característica muy importante con otras monedas, y es que no ofrece un retorno ni de intereses ni de dividendos. Por ello, su valor solo puede aumentar a través de su precio.

El oro tiene una desventaja en comparación con las acciones, los bonos, los valores y los productos de inversión como el mercado monetario o las cuentas de ahorro. Se ve afectado por los movimientos de los tipos de interés que pueden producirse en las distintas zonas monetarias, como cuando en el Banco Central Europeo (BCE) en la eurozona, que realizan cambios a mediano plazo en sus tasas de interés a través de la política fiscal. Si las tasas de interés reales (que se ajustan a la inflación) suben, el precio del oro se verá afectado negativamente. Esto se debe a que provocará que una serie de otras oportunidades de inversión se vuelvan más atractivas.

Esto también hará que el precio del oro se beneficie de las tasas de interés reales que son relativamente bajas. Como resultado, los Estados Unidos y la eurozona han implementado políticas estrictas de tasas de interés de cero a bajas. Ten en cuenta que no todos los cambios tienen el mismo impacto en el precio del oro. Lo que importa es la dirección y la magnitud de los cambios. Cuando la tasa de interés real es negativa, el oro se comporta excepcionalmente bien, pero de igual forma el oro se comporta positivamente con tasas de interés reales positivas de hasta el 2,5%. Solo si las tasas suben por encima de esto, los precios del oro disminuyen, lo que hace que las inversiones pierdan valor. Idealmente, deberías vender tu oro antes de esto, y por lo tanto es necesario monitorear las tasas de interés entre los otros factores (Xetra-Gold, 2020).

6. La moneda norteamericana: el dólar estadounidense

El oro se negocia junto a cualquier moneda en el mercado mundial, pero principalmente frente al dólar estadounidense. Se considera que es la moneda más influyente en los ajustes del precio del oro, por lo que hay que observarla de cerca. Tanto el oro como el dólar estadounidense constituyen importantes reservas monetarias para todos los bancos centrales, especialmente en el caso de los Estados Unidos, donde la Reserva Federal contiene uno de los mayores depósitos de oro del mundo.

Cuando el dólar es fuerte, debilita el precio del oro, y también ocurre a la forma inversa, que los precios fuertes del oro tienen un efecto negativo en la moneda estadounidense. Curiosamente, los beneficios que obtiene el oro con un dólar debilitado superan las pérdidas que sufre con un dólar fuerte. La crisis financiera europea demostró que el oro se comportó mejor que en muchos de los años anteriores. Esto indica que cuando una divisa líder como el dólar tiene problemas, es de hecho el mejor momento para comprar reservas de oro y mantenerlas hasta que el mercado se recupere de nuevo. De este modo, puedes comprar y vender oro utilizando el dólar estadounidense como guía.

7. Incertidumbres geopolíticas

Para comprobar la evolución económica de un país, échale un vistazo al *EURO STOXX* o al *DAX,* que muestran los máximos y mínimos económicos, y ambos tienen el poder de alterar el precio del oro. A nivel mundial, las crisis económicas no se limitan a una sola región. Todas las crisis económicas afectan a todos los países del mundo, porque en cierta medida, los países están interconectados a través del comercio, las inversiones y la propiedad de la tierra. Si un país o región se limita a ser el único lugar afectado negativamente por su economía, lo mejor es buscar una inversión de refugio, como el oro, en dicho país.

8. Principales inversores en oro

Qué mejor manera de sacar una conclusión sobre si es o no un buen momento para comprar oro que observar a los principales inversores de oro que se están destacando en el juego. Puedes hacerlo investigando la inteligencia de la multitud y las actividades o patrones de los profesionales de la inversión. Una investigación adecuada puede ayudarte a evaluar la evolución del precio del oro con precisión.

También debes tomar en cuenta los datos relevantes del inventario de las materias primas cotizadas en bolsa (ETCs) del oro. Los ETC son los fondos de materias primas cotizadas en la bolsa que están abiertos a los inversores. Dado que los ETC suelen incluir certificados u obligaciones que no protegerán a los inversores de una pérdida si los emisores del fondo se declararan en quiebra, algunos utilizan el oro para respaldar físicamente sus inversiones. Cuando se vende una unidad en ETCs de oro, se deposita el correspondiente total de oro real, lo que puede llevar a la acumulación de grandes cantidades de oro. Las posesiones de ETCs pueden contener riqueza en lingotes o barras de oro físico.

¿Cuál es la situación actual del oro?

Independientemente de que las cifras estén influenciadas por la inflación y muestren pequeños incrementos, el precio del oro ha aumentado más del 80% en los últimos cinco años (Atkinson D, 2020). Lo que seguirá es un descenso del precio precedente de cinco años, lo que lo convierte en la inversión perfecta para el 2020 y más allá en el futuro.

Mucha gente dijo que la era del oro había terminado, pero cuando el coronavirus apareció en escena, esas mismas personas tuvieron que tragarse sus palabras.

¿Ha terminado la era del oro?

Si observamos el precio del oro durante el último siglo, nos daremos cuenta de que se ha ajustado a la inflación del dólar estadounidense. Con esto, verás que su valor ha crecido exponencialmente a lo largo del tiempo. En 2015 alcanzó los 496 dólares por onza. En 2020, justo entrando en la pandemia subió a 1.954,35 dólares, es decir, unas cuatro veces más que en 2015. Sin embargo, ahora viene un descenso gradual una vez más (Atkinson D, 2020). Sin duda, la era del oro no ha terminado. Al igual que cualquier otra inversión, el oro nunca mantendrá el mismo valor a lo largo del tiempo y esto es algo que hay que tener en cuenta.

Hemos experimentado altibajos en el último siglo. Tomemos en cuenta a la Gran Depresión, la Segunda Guerra Mundial y la Gran Recesión, y el Crack Económico de 2007 al 2009. Aparte de eso, también hemos tenido la crisis de la eurozona, y ahora la pandemia del Covid-19 de 2020. Estos son solo algunos de los acontecimientos que han afectado a las economías de los Estados Unidos y del mundo a gran escala. Sin embargo, en estos tiempos difíciles, el oro ha sobresalido.

La economía ha sido volátil en el último siglo, pero el oro siempre se ha mantenido fuerte, a pesar de un máximo auge de cinco años que comenzó en diciembre de 2015.

El oro presenta tres posibles escenarios, que pueden ser los siguientes:

1. Status quo

Esta es la idea de que los siguientes cinco años imitarán lo que hemos experimentado en el mercado durante los últimos veinte y cuarenta años. Esto indica un aumento significativo del precio del oro en los próximos cinco años. La posible desventaja del statu quo es que los precios del oro al aumentar exponencialmente en un periodo de cinco años generará que las economías de todo el mundo tarden más en estabilizarse.

2. Choque deflacionario

Un escenario deflacionista desbordaría los sistemas financieros de todo el mundo, lo que provocaría que los bancos centrales y los gobiernos fueran incapaces de revertir las fuerzas deflacionistas. En este caso, un país experimenta una bajada de precios. Esto hará que los activos de papel se desplomen y que el poder adquisitivo del oro aumente más que nunca.

3. Repetición de la recesión secular de 1980 al 2000

El último escenario potencial sugiere una repetición de la recesión secular, que ocurrió entre 1980 y 2020. Se trata de un declive que no se verá afectado por los ciclos económicos y los acontecimientos que anteriormente tuvieron un impacto en el precio del oro. Esto incluye guerras y crisis económicas. Sin embargo, todo esto es poco probable debido a las ramificaciones económicas de la pandemia del Covid-19.

Si nos fijamos en los acontecimientos actuales, estamos viviendo una pandemia mundial. El tercer escenario parece poco probable debido a las consecuencias que la pandemia ha tenido no solo en los Estados Unidos, sino también en el resto del mundo. Cuando la economía estadounidense se ve fuertemente afectada por algo tan importante como la pandemia del Covid-19, el mundo entero también sentirá sus efectos.

De hecho, la pandemia hizo que la tasa de desempleo alcanzara los niveles de la era de la Gran Depresión, provocando que los empleadores recortaran 22,2 millones de puestos entre los meses de marzo y abril de 2020. Aunque Estados Unidos ganó 9,3 millones de puestos de trabajo en los meses de mayo a julio, todavía se perdieron 12,9 millones de puestos, lo que llevó a una recesión oficial. También hizo que las nóminas se desplomaran después de casi una década de crecimiento constante de empleo. El resultado fue que el 10% de la población activa de los Estados Unidos solicitó y cobró prestaciones de desempleo, que continuaron durante varios meses después de la pandemia.

Aparte de la pérdida de puestos de trabajo que tuvo un efecto significativo en la economía estadounidense, ya que muchos negocios, restaurantes, minoristas y oficinas permanecieron cerrados, la economía continuó disminuyendo hasta un 32,9% en el segundo trimestre de 2020. Esto indica el trimestre más bajo en la historia de los Estados Unidos desde la década de 1940. A pesar de este tiempo récord de dificultades, el gasto de los consumidores repuntó gracias a la aportación fiscal del Congreso, aunque se mantuvo por debajo de los niveles anteriores a la pandemia.

Existen muchos más factores que han ocasionado una mala racha en la economía estadounidense. Estos factores han contribuido a la pérdida de valor de su moneda, pero también han frenado las tasas de inflación. Lo que ha creado una buena oportunidad para que los ciudadanos estadounidenses, y también de todo el mundo, ganen dinero en otros lugares.

Para protegerse de los efectos de las dificultades económicas, la Reserva Federal (Fed) ha creado un fondo para apoyar las condiciones del mercado. El fondo ha liberado billones de dólares para crear once facilidades de préstamo de emergencia que están diseñadas para permitir que el crédito fluya en la economía. El objetivo es apoyar a todo el sistema financiero. Independientemente de las pérdidas del mercado, el apoyo financiero recibido de la Fed contrarrestó el posible empeoramiento de las condiciones al reducir las tasas de interés. Al hacer esto, creó un espacio para que el oro prosperará como inversión (Foster S, 2020).

Capítulo 2:

Cómo invertir en oro

Existen dos tipos de oro en los que puedes invertir por separado, que son el físico y el de papel. Dependiendo de cuál sea tu objetivo, puedes decidir si los pros y los contras de uno u otro te convienen más.

El oro físico es tangible y puede ser un activo comercializado en los momentos de extrema incertidumbre financiera. Es portátil, y por lo tanto no requiere de gastos de gestión. También está protegido contra los riesgos de la contraparte, a menos que pienses utilizar la caja de seguridad de un banco. Otra razón para poseer oro es que puedes proteger tu dinero de la inflación u otros factores. Estos factores pueden ir desde la pérdida de poder adquisitivo hasta la pérdida de rentabilidad de otras inversiones. Esto incluye las acciones de bajo rendimiento, o incluso si quieres ampliar y cubrir tu cartera de inversiones en medio de una crisis económica o política.

Por estas razones, el oro físico puede ser tu opción ideal a la hora de invertir, especialmente a largo plazo. Sin embargo, los riesgos de este tipo de inversión son evidentes. Debido a que es oro físico, debes guardarlo en tu casa o bajo la vigilancia de otra persona por lo que existe la posibilidad de que se lo roben. También requiere que lo almacenes y lo asegures, lo cual puede resultar bastante caro y podría desviarte del propósito de la inversión, que es obtener beneficios. Además, los comerciantes de oro cobran precios relativamente altos tanto por las monedas como por los lingotes.

Es posible que la legislación interfiera y prohíba la posesión de oro físico, sobre todo en determinados países. Cuando posees oro físico, también corres el riesgo del diferencial de liquidación, ya que los comerciantes son propensos a ofrecer descuentos sobre el precio al contado del oro. Otra desventaja es que el oro físico se grava con un tipo de ganancia de capital para coleccionistas.

Para que puedas decidir cuál es la mejor época para comprar y vender oro, debes fijarte en el precio al contado del mismo, ya que indica el precio en el que puedes comprar y vender el oro en ese preciso momento. También representa el precio de una onza troy de oro, y cuanto mayor sea la demanda, mayor será el precio.

A diferencia del oro físico, que es una fuente de beneficios a largo plazo, el oro en papel se invierte con un propósito totalmente diferente, que es el de obtener beneficios a corto plazo. Se trata de acciones mineras de oro, futuros, ETFs y opciones que son las mejores para quien quiera ganar dinero con una inversión en oro en solo un par de meses. Independientemente del hecho de que puedas obtener beneficios del oro a corto plazo, se sigue considerando una opción segura cuando se compara con otras inversiones.

El oro en papel te brinda la oportunidad de obtener beneficios de las fluctuaciones de su precio al contado, y sumado a ello, con esta modalidad de oro no tienes que pagar cuotas de entrega. En lugar de comprar oro al por mayor como en el caso del oro físico, puedes comprar una cantidad pequeña. Es una opción más líquida con la que puedes operar fácilmente en lugar de trasladar tu oro de un lado a otro, como ocurre en el caso de las monedas físicas, los lingotes o las barras. Al final de cuentas, el oro físico es muy beneficioso, pero no serás su dueño por siempre.

En cuanto a las desventajas de poseer oro en papel, existe un riesgo añadido, ya que los terceros en los que confías se pueden ir en tu contra y declararse en quiebra. Por esta razón, siempre debes asegurarte de que trabajas con inversores de buena reputación. La inversión directa en oro tampoco te permite aumentar tu potencial de crecimiento porque es más una inversión a corto plazo. Lo que compras ahora mismo como onza de oro, será lo mismo dentro de muchos años. Esto hace que parezca un activo poco productivo. Por otra parte, todo depende de tus objetivos al invertir en oro.

Si eres una persona que busca invertir a largo plazo porque tienes ciertos objetivos, como por ejemplo que quieras ahorrar para tu jubilación, te beneficiarás más de la inversión en oro físico. Por otro lado, si eres un inversor a corto plazo que cambia rápidamente de inversión o quiere obtener un beneficio rápido, sacarás más provecho de la inversión de oro en papel.

Cómo ganar dinero con el oro

Cuando compras oro, tienes que hacerlo de la manera correcta y comprárselo a un vendedor de confianza. Si no lo haces, puedes acabar perdiendo tu dinero. La mejor manera de comprar oro si quieres empezar a invertir en él, es no comprar más del 10% de los activos en oro físico, como monedas o lingotes. Cuando lo compres, tienes que almacenarlo en un entorno seguro, como un banco o una casa de bolsa. Aunque el oro se considera una inversión relativamente segura, debes recordar que sigue siendo una inversión, y que por ende puede provocar posibles pérdidas. Aunque se ha mantenido estable a lo largo de las décadas, cuando quieras venderlo, es posible que no obtengas el precio de mercado que esperabas al inicio de tu inversión.

El precio del oro puede fluctuar gracias a la influencia de la oferta y la demanda en el mercado. Como en todas las inversiones, el oro te permite obtener beneficios cuando su valor de inversión sube, ya que es el momento ideal para venderlo. Si decides invertir en empresas mineras de oro, puedes consultar la cotización de las acciones para comprobar la situación del oro en el mercado. Sin embargo, es posible que reflejen el valor total de la empresa minera, en lugar del precio del oro como tal, por lo que debes ser precavido antes de intentar realizar una venta.

Una vez que decidas qué tipo de oro es la inversión más adecuada para ti, podrás elegir la estrategia de inversión que más te convenga. Si consideras la posibilidad de comprar oro físico, como monedas o lingotes, tienes que tener en cuenta su almacenamiento, lo cual implica;

el pago de un banco, un corredor y posiblemente una comisión de la empresa.

El precio del oro varía cuando cambia la bolsa, al igual que ocurre con otros tipos de valores. Quizás la mayor pregunta de todas sea: ¿cuándo es el mejor momento para comprar oro? El oro es una buena cobertura contra cualquier crisis financiera, pero no contra la inflación. En medio de una crisis financiera, el precio del oro aumenta, pero es poco probable que aumente en períodos en los que hay una alta inflación. Aunque siempre es un buen momento para comprar oro, es especialmente recomendable hacerlo antes o durante una recesión o crisis financiera.

Siempre que una economía experimente un periodo en el que haya una alta inflación, no deberías comprar oro. Si estás invirtiendo para tu jubilación, necesitas oro u otras inversiones que te generen ingresos. Este oro debe aumentar potencialmente su valor, para poder venderlo más tarde cuando haya alcanzado una cantidad determinada. Cuando lo vendas, el beneficio debe ser suficiente para satisfacer tus necesidades en la jubilación u otros objetivos financieros. Aunque el oro se considera un refugio seguro entre las diferentes inversiones, no puedes confiar únicamente en el metal precioso. Si inviertes en oro con el fin de jubilarte anticipadamente, debes tener cuidado con las cláusulas de retirada que conllevan penalizaciones si decides vender y cobrar demasiado pronto.

Las inversiones en oro requieren paciencia. Puedes considerarlo como una póliza de seguro, ya que si pierdes dinero en acciones o en otras inversiones, es probable que el valor del oro aumente y te respalde.

¿Cuál es el precio del oro al contado?

El precio del oro al contado es el precio que se negocia en los mercados financieros. Se basa únicamente en el posible futuro del tipo de oro que tiene el mayor volumen de negociación. Si ya lo has consultado antes, sabrás que al contado el precio del oro es un poco más bajo. Esto se aplica especialmente a los lingotes y toma en cuenta los costes de fabricación, acuñación, comercialización, almacenamiento y refinado. En épocas de volatilidad de los mercados financieros, sube la demanda de lingotes de oro, y el precio del oro físico también aumenta incluso más que el precio al contado del oro.

El precio del oro al contado puede variar de acuerdo a las distintas formas de inversión que existen, entre ellas:

Oro físico

El precio del oro físico al contado incluyendo a las monedas, los lingotes, las joyas y el oro numismático, se refiere al oro físico que suele llevar un sello. Los lingotes de oro, por ejemplo, tienen un buen nivel de pureza, y además su cantidad total de oro aparece en la barra. Los valores que aparecen en el oro físico provienen del contenido del metal precioso y no indican su rareza o estado.

En lugar de optar por lingotes o monedas, puedes elegir invertir en joyas, ya que son mucho más fáciles de adquirir. En este caso, debes asegurarte de que contengan al menos 14 quilates para que la inversión merezca la pena. Con las inversiones en oro físico, obtienes una exposición directa y una propiedad tangible, lo que puedes usar a tu favor. Por otro lado, su aspecto negativo es que puedes obtener beneficios solo hasta cierto punto, ya que puede ser difícil de liquidar y no hay ninguna ventaja que vaya más allá de los cambios en el precio del oro.

Objetivo de la inversión: el oro es el mejor tipo de inversión para cualquiera que busque un refugio financiero. Las inversiones en oro están protegidas contra la inflación y actúan como medida de seguridad durante los disturbios políticos. Cuando se compra en su estado físico, ya sea en forma de monedas, lingotes o barras, es una buena inversión en épocas de restricciones financieras o económicas. Cualquiera que quiera crear una cartera de inversiones diversificada debería comprar oro físico. Se recomienda invertir especialmente una parte del patrimonio en lingotes de oro.

ETFs y fondos de inversión

El fondo cotizado en la bolsa también se conoce como un ETF por sus siglas en inglés. Es un ETF de materias primas que contiene un único activo principal que es el oro. Este tipo de fondos contienen valores individuales que cotizan en la bolsa. Al invertir en un ETF, no posees ni recibes oro físicamente. En cambio, como inversor, recibes el equivalente en efectivo del mismo. Si compras ETFs respaldados por oro, estarás comprando acciones de oro de la propiedad de un fideicomiso que, de nuevo, no tiene ningún derecho al oro físico.

Los ETFs de oro siguen y muestran principalmente el precio del oro. Los activos que tiene en su fondo están respaldados por la materia prima del oro. Los ETFs de oro permiten a los inversores, en lugar de poseer oro, ganar exposición al rendimiento del oro en el mercado. Esto incluye los movimientos y las fluctuaciones de los precios para tener una mejor idea de cómo se negocia el oro en el mercado. De este modo, podrás informarte sobre el precio del oro al contado. Así te aseguras de tener una buena idea de cómo invertir en diversas formas de oro.

Objetivo de la inversión: los inversores deciden destinar dinero a los fondos de inversión y fondos cotizados (ETF) para ahorrar para su jubilación u otros objetivos financieros a largo plazo. Ambas inversiones tienen similitudes.

Acciones mineras

Al igual que con los ETF y los fondos de inversión, no es necesario poseer el oro para poder participar en su inversión. Las acciones de empresas mineras de oro te permiten descubrir el lado positivo de los desarrollos mineros e informarte de los precios del oro en consecuencia. Te permiten un espacio para supervisar los riesgos de explotación de las minas mientras ganas exposición a otras materias primas. Al invertir en empresas mineras, los precios de las acciones reflejarán el valor de la empresa en lugar del valor real del oro.

Este tipo de acciones de oro son una inversión estelar para cualquiera que busque una inversión diversificada en metales preciosos o semipreciosos. Además, debes tener en cuenta que todo el oro extraído del suelo disminuye la exposición a tu propio oro puro.

Objetivo de la inversión: existen dos categorías de acciones mineras; las mayores y las menores. Las acciones mineras mayores, son empresas con un historial y un flujo de caja bien establecidos, y suelen ser inversiones menos arriesgadas. Por otro lado, las acciones mineras menores son empresas nuevas que intentan establecerse en el sector. Su inversión es bastante arriesgada y no es ideal para los inversores principiantes. En resumen, puedes invertir en acciones mineras de oro si deseas generar un ingreso pasivo gradual.

Opciones de compraventa

Las opciones que te ofrece el oro incluyen contratos que utilizan oro físico o futuros de oro como instrumento subyacente. Las opciones de compra permiten al inversor o al titular del contrato la oportunidad de comprar metales preciosos a un precio preestablecido hasta el vencimiento del contrato. Las opciones de venta permiten al inversor vender a un precio determinado. El inversor puede utilizar la opción de compra o de venta independientemente de lo que ocurra con el precio actual del oro. Tanto si crees que está subiendo como si está bajando, puedes obtener beneficios.

El precio posiblemente aumentado que pagas para entrar en las diferentes opciones de negocio que te ofrece el oro es el único riesgo que podrías tomar en caso de que algo salga mal. Puedes renunciar a la propiedad de tu oro y venderlo en cualquier momento. Incluso puedes renunciar antes de la fecha de vencimiento de tu contrato para asegurarte de obtener algún beneficio de tu inversión. Los inversores suelen vender antes para minimizar sus posibles pérdidas en un mercado incierto.

Objetivo de la inversión: las diferentes opciones de negocio que ofrece el oro, pueden colocar a cualquiera en una situación rentable si se hace correctamente y se eligen las ofertas adecuadas para invertir. Las opciones de comercio de oro son mejores para las personas que son comerciantes de oro avanzados y tienen experiencia en diferentes tipos de comercio e inversiones.

Contratos de futuros

Se trata de acuerdos entre un comprador y un vendedor potencial cuando cualquiera de las partes desea intercambiar una cantidad específica de oro en una fecha y a un precio determinados en el futuro. Con este acuerdo, los especuladores apuestan por el precio que tendrán los metales preciosos en el futuro, especialmente el oro y la plata. Esto implica un apalancamiento para obtener una exposición al precio del oro que debe ser mayor que la cantidad total que se invierte. Cuando el precio del oro varía, ya sea aumentando o disminuyendo, el valor del contrato de futuros cambia, lo que también ajusta las cuentas entre el comprador y el vendedor.

Los contratos de futuros se negocian en la bolsa, lo cual requiere que hables con tu corredor de bolsa para revisar si este los admite o no. Este tipo de acuerdo es una opción de alto riesgo para las inversiones en oro y no se recomienda para los inversores que apenas están empezando. Incluso si tienes experiencia como inversor, deberías reconsiderar si quieres participar en este tipo de acuerdos, ya que existe la posibilidad de que pierdas toda tu inversión.

Objetivo de la inversión: el comercio de futuros puede hacerte ganar mucho dinero, pero no todas las operaciones de futuros son rentables para que los inversores principiantes ganen dinero. Por el contrario, si eres un comerciante avanzado y tienes experiencia en el mercado de operaciones, el comercio de futuros puede ser una muy buena opción para ti, ya que te ofrece versatilidad y excelentes valores que pueden ayudarte en tu viaje comercial para obtener beneficios de las inversiones futuras del oro.

Certificados de oro

Este tipo de documentación consiste en notas que son emitidas por una empresa cuya materia prima principal es el oro. De nuevo, al igual que con los ETFs, no posees el oro en su forma física, y esto tampoco se asocia a un certificado de oro. Lo único que estas notas te permiten es una exposición directa al oro. De manera negativa, si no tienes una empresa de confianza con la que trabajar, podrías correr muchos riesgos.

Objetivo de la inversión: si quieres ganar una comisión por la venta de una inversión, puedes comprar certificados de oro. Poseer certificados de oro suele ser mejor que invertir en oro a través de un banco, ya que siempre existe el riesgo de que el banco pueda quebrar. En ese caso, por supuesto, perderías todo lo que has invertido o solo tus posibles beneficios.

Empresas de transmisión y regalías

Las empresas de transmisión y regalías ofrecen a los mineros un flujo de efectivo por adelantado a cambio de obtener derechos para comprar el oro, y otros metales de las minas, a precios más bajos con el pasar del tiempo. Se trata de empresas financieras especializadas que reciben un pago en oro, lo que les permite correr los posibles riesgos que conlleva la explotación de una mina.

Los beneficios de invertir en empresas de transmisión y regalías incluyen el hecho de que constituyen una ventaja para los desarrollos mineros y le aportan diversidad al negocio. Estas empresas te permiten seguir los precios del oro y que estés expuesto a márgenes constantes para obtener un resultado preciso del mercado. La desventaja de esto es que le da una exposición indirecta al oro. También te expone a otras materias primas y te introduce en los riesgos asociados a las operaciones mineras.

Objetivo de la inversión: las empresas de transmisión y regalías son una buena inversión en tiempos en donde la economía está totalmente alterada, y esto aplica para muchas épocas, que van desde la pandemia del Covid-19, hasta la actual incertidumbre geopolítica y comercial que frena el crecimiento económico mundial. En tiempos inciertos como estos, invertir en empresas de transmisión y regalías es una buena idea para acumular un beneficio que te respalde como fuente de ingresos.

5 tipos de inversores de oro

1. Cazadores de catástrofes

Estos tipos de inversores creen firmemente que el sistema económico está propenso al colapso. Piensan que todo lo que rodea al dinero fiduciario está destinado a perder su valor aunque el oro lo conserve. Los cazadores de catástrofes invierten principalmente en oro físico para tenerlo en su poder.

2. Comerciantes de tiempo

Estos inversores se centran en obtener beneficios de las inversiones a corto plazo basadas en los cambios del precio del oro. Por lo general, se centran en inversiones en el marco temporal de uno a doce meses. La operación se basa en la oferta y la demanda previstas, la oferta monetaria, la inflación y otros factores. Los comerciantes de tiempo invierten en ETFs o en acciones de empresas auríferas. La propiedad física en este caso no es la más adecuada debido al alto coste de las transacciones y a la demora en la velocidad de las mismas.

3. Buscadores de seguridad

Hay varios tipos de inversores de oro, entre ellos se encuentra el típico "inversor" que invierte en oro con el propósito de buscar un refugio seguro frente a factores y momentos negativos de la economía. Las inversiones en oro atraen a los inversores con el propósito de diversificar su cartera designando una parte de las posesiones al oro.

4. Seguidores inconstantes del oro

Los seguidores inconstantes del oro se adentran en la inversión en oro como resultado de su preocupación por el poder adquisitivo del dólar. Estos individuos están preocupados por convertir su riqueza en una inversión sólida que mantendrá su valor en el tiempo. Eligen invertir en oro físico porque incluso si el valor de su moneda fiduciaria, como el dólar, disminuye, el valor del oro se mantendrá. Estos inversores suelen estar muy centrados en la protección de sus activos.

5. Inversores GHO

Los inversores del tipo "*Gold, Hold, then Old*" o GHO (por sus siglas en inglés) tienen la percepción de que el oro es una materia prima de precio competitivo que debe mantenerse a largo plazo. Los inversores GHO están preocupados por su exposición al precio del oro, junto con la industria, por lo que mantienen propiedades de oro durante años, como ETFs respaldados por oro o lingotes físicos, y creen que el precio del oro aumentará con el tiempo. Esta estrategia de inversión, en cambio, se centra en el crecimiento de los activos.

Errores que debes evitar

Desconocer lo que compras

Hay cuatro factores que debes considerar antes de entusiasmarte con una inversión en oro. Estos incluyen el precio, el peso, el diseño y la pureza del oro. Cuando te fijes en el precio, debes ser plenamente consciente de que el oro no debe tener un precio demasiado alto. Sin embargo, también debes comprobar que no tenga un precio demasiado bajo. Los inversores deben saber del precio al contado de aquello en lo que invierten, en su momento actual, tanto si compran como si venden.

Algunos lingotes se venden entre un 3% y un 5% por encima del precio al contado actual sea cual sea. Dependiendo de la cantidad de oro que tengas, no debes entrar en la venta del mismo de forma apresurada. Debes pensar muy bien tu estrategia y mantenerte alejado de aquellos precios que te obliguen a vender rápido. En tal situación, tendrás que esperar a que los precios del oro dupliquen o tripliquen su valor antes de poder obtener siquiera un pequeño beneficio. Además, debes informarte acerca de cómo pesan el oro en los comercios.

La unidad de medida más utilizada en todos los mercados internacionales es la onza troy. Eso es lo que debes tener en cuenta antes de comprar oro físico u otros metales preciosos. Los precios al contado toman en cuenta las onzas troy, lo que facilita la revisión de si es o no un buen momento para comprar o vender. Una onza troy equivale a 1,0971 onzas estándar. Por lo tanto, es mucho más pesada que la onza estándar. Si se convierte a gramos, son 31,1035 gramos (The Smart Investor Staff, 2020). Aparte del precio y el peso, puedes centrarte en el diseño y el atractivo de la pureza de los metales preciosos físicos. Todo esto te confirmara que son auténticos y que tienen el valor que muestran.

Cada moneda tiene un diseño único y esto se puede ver en los detalles más pequeños, por lo que tendrás que mirarla más de cerca para identificar la moneda. El oro físico se presenta en una amplia gama de purezas, desde el 25% de oro hasta el 100%. La pureza del oro se expresa como su quilataje. Un quilate es la 1/24ª parte del total. Así que el oro de 16 quilates tiene 16 partes de oro y 8 partes de otros metales, es decir, un 67% de oro, mientras que una pieza de oro de 24 quilates es oro puro. Puedes utilizar esta relación para determinar su pureza y calcular el porcentaje de oro de cualquier inversión en oro físico.

Dado que se presenta en diferentes grados y en una amplia variedad, es necesario comprobar los certificados de oro para autentificar su pureza y su calidad. Si el precio, el peso, el diseño y la pureza son los correctos, puedes estar seguro de que estás comprando oro auténtico (The Smart Investor Staff, 2020).

Elegir la moneda más barata

Ya hemos establecido que el precio de las monedas es muy importante. Si un comerciante te ofrece un producto que parece poco realista, probablemente sea porque realmente lo es. Lo mismo ocurre si te piden incentivos demasiado elevados o si exageran las reclamaciones que conlleva la compra de monedas. En este caso, debes tener cuidado con el vendedor con el que estás tratando. Los lingotes no suelen bajar del precio al contado.

Con los metales preciosos en posesión de activos, podrías ir a un distribuidor y vender tus artículos inmediatamente para obtener el valor total. Nunca debes sentir que tienes que hacer una venta forzada cuando posees metales preciosos. Si tu comerciante es legítimo, perderá dinero si ofrece cualquier artículo por debajo de su precio de coste. Un verdadero comerciante añade pequeños bonos que están por encima de los precios al contado, para cubrir los costes de acuñación del producto y cubrir sus propios costes empresariales.

Comprar oro cuando el precio aumenta

¿Sabías que puedes comprar oro en cualquier momento y que nunca es un mal momento para comprarlo y obtener beneficios del mismo? Por eso es una inversión tan bien recibida por muchas personas, ya que supone un riesgo bajo durante todo el año. Sin embargo, la ley de la oferta y la demanda sigue aplicándose al oro. Esto significa que, si se venden más monedas de oro, el precio de las mismas subirá y la oferta se agotará.

Incluso si este es el caso, la oferta de mercado no podrá satisfacer la demanda y esto afectará al precio. Cuando se produce un aumento de un producto básico, la oferta de aquello en lo que se invierte será escasa. Esto incluye a cualquier metal precioso, grano, gas o moneda extranjera.

Asegúrate de tomar en cuenta las fluctuaciones del mercado en tu estrategia de compra. Debes saber que cuando compras oro a un precio determinado en una fecha determinada, pero luego baja en el futuro, puedes volver a comprar al precio más bajo y hacer que el precio medio de tu inversión en oro sea más bajo en efecto. Así es como puedes "ajustar" tu inversión y hacer que sea más fácil obtener beneficios en el futuro.

Invertir en monedas raras

Quizás pienses que invertir en monedas raras es uno de los mejores negocios que puedes hacer si tienes una buena razón para comprarlas. Sin embargo, cuando comienzas tu búsqueda de distribuidor, tienes muchas posibilidades de encontrarte con varios distribuidores de monedas de oro poco fiables. Las monedas raras tienen cierto valor si son 100% reales, pero solo son valiosas para los coleccionistas de monedas. El precio de estas monedas también depende del precio al contado del oro, el cual es un aspecto importante que determina si debes comprar ciertas monedas o no.

Otros factores son la rareza, la acuñación, la ley y la popularidad. Todos estos factores afectan al precio de los distintos tipos de oro. Para invertir con éxito en el oro físico, debes comprar monedas de lingotes populares que tengan un precio de coste relativamente bajo.

No comprobar la reputación del vendedor

Cuando elijas un vendedor, asegúrate de que este tenga mucha experiencia y que sea conocido en la industria. Un vendedor con una buena reputación suele tener clientes habituales, ya que los compradores no volverán con un comerciante con el que han tenido una experiencia negativa. Es importante que si alguna vez no te sientes seguro y en confianza, sigas buscando más alternativas. La mejor manera de encontrar un vendedor del que puedas estar 100% seguro es conocer bien a la gente del sector comercial, ya que ellos te proporcionarán listas de los mejores prospectos y mucha orientación en el negocio.

Un buen vendedor siempre te mostrará una fuente de documentación de confianza sobre su autenticidad en los mercados, como por ejemplo, una certificación. Si no te muestran nada y no quieren compartirlo contigo cuando lo solicites, puedes considerar este hecho como una muy mala señal. Cuando vayas a comprar cualquier tipo de oro, sobre todo el oro físico, es necesario que revises el historial del comerciante. También te recomiendo que investigues y entiendas exactamente lo que estás comprando, junto con el valor de mercado actual de las monedas.

Compartir información valiosa con otros

Compartir un poco acerca de tus experiencias invirtiendo en oro con tus seres queridos es una buena idea, especialmente si también tienen interés en la industria. La compra de oro es también un esfuerzo emocionante que puede ayudarte a dar los pasos necesarios para asegurar tu futuro financiero. Comenta sobre tus inversiones solo a personas de confianza, pero no compartas con ellas todos los detalles. No publiques tus compras en Internet para que las vea todo el mundo.

Ten en cuenta que cualquiera podrá ver lo que publiques, por lo que nunca debes publicar información personal. Tampoco debes hacer público que posees tu caja de seguridad, metales preciosos ni depósitos.

Capítulo 3:

Guía de pasos a seguir para invertir en oro

Cuando quieras diseñar tu plan de inversión, debes asegurarte por completo de que se adapta a tus posibilidades económicas y a tu tolerancia al riesgo. En primer lugar, tendrás que determinar exactamente cuánto dinero necesitas invertir. No te aconsejo tener más del 10% de tus activos en oro. Por lo tanto, dependiendo de la suma total de tus inversiones, puedes calcular cuánto puedes invertir. Si quieres cubrir el valor principal de una cartera de bonos, deberías tener 1 dólar de oro por cada 10 dólares que hayas fijado en tus bonos.

Paso uno: determina tus objetivos de inversión y la rentabilidad que deseas obtener

Al planificar tu estrategia de inversión es importante tomar en cuenta tu objetivo final, y esto dependerá de tus necesidades económicas. Si estás ahorrando para un objetivo determinado, entonces puedes calcular la cantidad de dinero que necesitarás para ese objetivo, como por ejemplo el pago inicial de una hipoteca. Si tu objetivo es generar ingresos pasivos, quizás para cubrir tus gastos en la jubilación, puedes determinar cuánto dinero necesitarás cada mes.

La siguiente parte es un poco más complicada, ya que consiste en calcular la tasa de rendimiento que te gustaría obtener, y esto depende tanto de tus necesidades financieras como de la cantidad de la cual dispones para invertir, así como de tu tolerancia al riesgo y tu calendario de inversión. Sigue leyendo, pues profundizaremos en estos temas a medida que avancemos en este capítulo.

Debes decidir por ti mismo sobre cuál será tu objetivo, pero aquí te presentamos algunas preguntas que pueden guiarte a la hora de tomar tu decisión:

1. ¿Quieres una revalorización del capital a largo o a corto plazo?
2. ¿Necesitas que esta inversión te provea un flujo constante de ingresos?
3. ¿En cuánto tiempo necesitarás este dinero invertido?
4. Para esta inversión, ¿cuál es la cantidad que destinarías para la rentabilidad a corto plazo? y ¿cuanto para la rentabilidad a largo plazo?
5. En cuanto a la fluctuación de los precios, ¿cuánto puedes tolerar? Por ejemplo, ¿una subida o una bajada del 10%, del 20% o de hasta el 30%?

Responder a estas preguntas puede darte una buena idea de tu "apetito" en términos de inversión y de tus expectativas en términos de horizonte, rendimiento y riesgo. Contéstalas con cuidado, y así podrás establecer una visión de tus objetivos de inversión.

Paso dos: decide en qué tipo de oro quieres invertir

Antes de decidirte por una estrategia de inversión, considera si quieres hacerlo por ti mismo o dejarlo en manos de un planificador financiero para que lo gestione todo por ti. ¿Quieres ser práctico o no con tu estrategia? También tienes que considerar organizar tu calendario y cuanto antes lo hagas mejor. Por supuesto, es mejor invertir a largo plazo, pero es posible obtener pequeños beneficios en unos pocos días o semanas con las inversiones a corto plazo. El plazo que elijas dependerá totalmente de tus preferencias y de la razón específica por la que inviertes.

La forma de invertir y el tipo de oro en el que lo hagas dependerán de tu objetivo. Algunos objetivos que puedes considerar son la jubilación, los ahorros para tus proyectos personales o simplemente la compra de la casa de tus sueños.

Cuando decidas el tipo de oro en el que quieres invertir, considera cuál es tu tolerancia al riesgo. Si tienes más años para invertir y ahorrar dinero, puedes mitigar los riesgos potenciales de perderlo y, por lo tanto, puedes permitirte invertir más dinero en oro. Sin embargo, si eres una persona mayor, puede ser arriesgado invertir una gran parte de tus ahorros. Si tu tolerancia al riesgo es alta, puedes aspirar a una mayor rentabilidad. Presentará mayores riesgos pero tiene más recompensas potenciales.

Si estás ahorrando dinero para algo en concreto o si tienes como objetivo ahorrar una determinada cantidad de dinero en una fecha determinada, tendrás que tener en cuenta el rendimiento que necesitas. Calcula de esta cifra hasta el último céntimo. Ser específico con tu inversión puede decepcionarte a veces, pero crea un punto culminante hacia el que puedes trabajar. Con ello surge una gran pasión y ambición por alcanzar tus objetivos y podrás elaborar la estrategia adecuada. Por último, también debes tomar en cuenta los impuestos a la hora de invertir.

Establece con exactitud el tramo de impuesto en el que te encontrarás. Si tienes claro el futuro de tu situación fiscal, podrás decidir más eficazmente qué tipo de inversión te conviene más.

Para decidir en qué tipo de oro quieres invertir, debes conocer todos estos factores. El hecho de que alguien que los conozca prefiera invertir en un determinado tipo de oro o tenga éxito en una inversión, no significa que sea lo más adecuado para ti. Puede que lo sea, pero con un conocimiento correcto sobre los diferentes tipos de inversiones en oro, podrás contextualizarlo y establecerlo por ti mismo.

Recuerda que debes fijarte en aspectos importantes como el coste por gramo, el nivel de pureza, una certificación auténtica, los costos adicionales y las condiciones de devolución del comprador. Debes comprobar todo esto antes de comprar el oro que elijas. Como se ha mencionado anteriormente, existen diferentes tipos de oro, como el oro físico en forma de monedas, lingotes y barras. También hay opciones en papel y digitales entre las que elegir que incluyen los ETFs, los fondos de inversión, los certificados de oro, las acciones mineras, las opciones comerciales y los futuros.

El periodo de tiempo que esperas para poseer una inversión antes de retirarla, se denomina horizonte temporal de inversión. Estos se dictan en función de tus objetivos de inversión y de las estrategias que los respaldan. Un buen ejemplo de esto es ahorrar suficiente dinero para pagar la inicial de una casa. Esto puede requerir dos años de ahorro para tus inversiones. El periodo de dos años, en este caso, se considera un horizonte temporal de inversión.

El horizonte temporal de inversión puede variar según el objetivo de la inversión. En función de tu objetivo, puedes decidir si tu horizonte temporal es a corto o a largo plazo. Un ejemplo a corto plazo sería de dos años, mientras que un objetivo a largo plazo sería de cinco a más años. El momento de empezar a invertir también influye en la duración de tu horizonte temporal de inversión.

Cuanto más largo sea el horizonte temporal de tu inversión, más tiempo podrás trabajar en aumentar tu capitalización. Por eso se suelen preferir las inversiones a largo plazo. Con una inversión a largo plazo, también puedes aumentar tu cartera, lo que te beneficiará en futuras inversiones.

Paso tres: decide cuánto dinero quieres invertir

Una vez que decidas si eres un inversor a corto o a largo plazo, puedes decidir cuánto dinero puedes invertir en función de tu horizonte temporal de inversión.

El oro es líquido, divisible, portátil, duradero, consistente, privado y confidencial, además de tener un valor denso, lo que significa que es una inversión estelar que cualquiera puede permitirse. Incluso si comienzas con poco capital, con el tiempo tendrás la posibilidad de invertir más dinero. Si inviertes una pequeña cantidad de efectivo, como unos cientos de dólares, y lo dejas allí durante un par de meses o un año, verás un aumento de tu inversión inicial. Si el mercado parece bueno para tu inversión en oro, puedes dejarlo para que se acumule más o tomar el total que has acumulado y reinvertirlo.

En este caso, lo reinvertirías una vez que el mercado esté en mejores condiciones para que obtengas más beneficios. Esto puede repetirse durante años hasta que llegues a un punto en el que puedas invertir en oro con una mayor suma de dinero. Esto, por supuesto, te permitirá obtener más ganancias. No se necesita mucho tiempo para invertir en oro, y dependiendo de cuál sea tu objetivo, podrás calcular el período de ejecución. Todo depende de dónde quieras estar en los próximos cinco, diez o incluso veinte años. Además, invirtiendo en solo unos pocos gramos de oro, puedes situarte en el mapa para ganar cifras mucho más grandes de las que podrías haber imaginado.

Si eres un inversor principiante, lo mejor es invertir primero en monedas, lingotes y barras pequeñas de oro. Es preferible que te centres primero en las monedas, luego en los lingotes, y finalmente en las barras de oro, especialmente cuando solo dispones de unos pocos cientos de dólares para invertir. Esto se debe a que con el oro el total de tu compra incluye el trabajo adicional que hay que realizar para fabricar las piezas de oro más grandes, como los lingotes de oro de tamaño estándar. Como inversor principiante, querrás que el oro que compres sea lo más pequeño posible, por lo tanto las monedas de oro son ideales para empezar.

Puedes cambiar el oro físico por el oro en papel una vez que hayas acumulado suficiente valor de inversión. En este punto, deberías tener suficiente experiencia para asumir mayores riesgos en un mercado de operaciones tan volátil.

Mucha gente se confunde sobre si debe comprar primero plata y luego venderla para comprar porciones más pequeñas de oro. Aunque es bueno que tengas inversiones en oro y plata en tu cartera, el oro es más caro y tiene más valor añadido. Esto significa que obtendrás mucho menos dinero por tu posesión de plata. Si primero quieres tantear el terreno y acostumbrarte a comerciar con metales preciosos, puedes empezar con la plata y luego venderla por oro una vez que hayas adquirido cierta experiencia. De hecho, tengo un capítulo extra sobre la inversión en plata al final de este libro, y si lo deseas, puedes leer mi otro libro centrado totalmente en la plata.

Ten en cuenta que el precio al contado siempre fluctuará, lo que cambiará tu precio inicial del oro. Fluctúa cada pocos segundos y se basa en las operaciones interbancarias y de futuros más recientes. Por este motivo, no debes alarmarte si observas que el precio al contado no es el mismo que el importe que pagaste por tu oro. Además, en el caso del oro físico, el precio al contado no incluye los costes adicionales, como lo son: la fabricación, el embalaje, el envío y el seguro de los lingotes de oro.

Con las monedas, los lingotes y las barras, no pagarás por el almacenamiento ni te arriesgarás a tener que pagar por posibles robos. Si estás pensando en invertir en oro físico como inversión inicial, puedes comenzar con 500 a 1.000 dólares, o incluso con menos. Puedes añadir más dinero a tu inversión una vez que obtengas beneficios. Incluso si compras muy pocos gramos de oro, sigue siendo un buen comienzo como inversión inicial.

Paso cuatro: revisa bien los detalles que debes tener en cuenta al comprar oro físico o en papel

Para comprar oro físico o en papel, necesitas un corredor de bolsa que se especialice en el oro como producto de cambio. Puedes encontrar uno en línea, pero tienes que asegurarte de que estás trabajando con un profesional con experiencia. El corredor de bolsa adecuado es un profesional y ofrece una amplia gama de servicios y productos negociables. Tu agente es la persona a la que comprarás tu oro.

Hay muchas cosas que debes tener en cuenta a la hora de elegir un corredor, entre ellas:

- Regulación estricta

    Todos y cada uno de los corredores en línea legítimos son supervisados por una gran agencia de regulación financiera. Esto puede incluir la Autoridad de Conducta Financiera del Reino Unido (FCA por sus siglas en inglés), la Asociación Nacional de Futuros (NFA por sus siglas en inglés) en los Estados Unidos, la Comisión Australiana de Valores e Inversiones (ASIC por sus siglas en inglés), y la Comisión de Comercio de Futuros de Materias Primas (CFTC por sus siglas en inglés). Cualquier corredor que esté regulado en los países de la Unión Europea debe cumplir con la Directiva sobre Mercados de Instrumentos Financieros de la Unión Europea (MiFIR por sus siglas en inglés), y su revisión más reciente.

- Una buena plataforma

    Cuando estés considerando elegir un corredor de bolsa en línea, asegúrate de que te proporcionen una plataforma comercial que funcione bien, es decir, que sea una plataforma cuyo software sea fácil de usar y gratuito. Algunos corredores tienen sus propias plataformas personales, mientras que otros tienen acceso a plataformas del mercado del oro. Algunos buenos ejemplos son *5 Platforms* o *MetaTrader* de *MetaQuotes*.

    Estas plataformas cumplen con el estándar del mercado. Ofrecen a los operadores la oportunidad no solo de dibujar, sino también de operar utilizando diferentes herramientas. Entre ellas se encuentran los gráficos de precios, la revisión de las noticias financieras, la realización de análisis técnicos, la creación de indicadores personalizados, las estrategias de retrospección y la personalización de tus operaciones mediante la automatización de las mismas.

- Montos diferenciales mínimos, tasas y comisiones

    Como inversor principiante, debes tomar en cuenta cualquier cargo de negociación adicional, incluidos los montos diferenciales y las tasas de comisión, ya que esto tendrá un impacto en la cantidad de dinero que gastarás en el comercio, y no solo se debe a que tendrás que pagar varias tasas cada vez que comercies, sino también a que las tasas repercutirán en el número de inversores que operan. Cuando empieces a comerciar, ten cuidado con las plataformas de inversión y los corredores con comisiones muy altas, y compara un poco antes de elegir uno.

- Investigación adecuada

    Un corredor de calidad debe tener un departamento de investigación en su empresa que le proporcione análisis técnicos importantes. Esto mejorará la comunicación con los clientes sobre las actividades de comercio e inversión. Básicamente, debe mantener a los inversores y a los operadores informados en todo momento. Sin embargo, los corredores con descuento pueden no tener esta característica. Por eso es mejor optar por un corredor de servicio completo.

- Servicio de atención al cliente

    Piensa en aquella vez que quisiste devolver un producto o tuviste una consulta sobre algo. Llamaste a la empresa o les enviaste un correo electrónico, pero no obtuviste ninguna respuesta útil o simplemente ninguna respuesta en lo absoluto. Fue un disgusto, ¿verdad? Pues eso es exactamente lo que ocurre cuando tienes un corredor de bolsa de oro que no está ahí cuando lo necesitas. Los inversores y los operadores necesitan poder ponerse en contacto con su corredor lo más rápidamente posible si se produce un error o se necesita información.

    Un buen corredor tendrá un departamento de atención al cliente moderno y receptivo, con una función de chat en directo a la que puedes acceder tanto por teléfono como por ordenador. Además, el sitio web del corredor debe contar con una sección de preguntas frecuentes que responda a tus dudas más comunes.

Una vez que hayas encontrado un distribuidor de oro de confianza que pueda venderte oro físico a medida que lo necesites, estarás listo para crear tu estrategia de inversión. Para orientarte, puedes consultar el sitio web del Tesoro de tu país de residencia. Debes averiguar cuál es el precio al contado del oro y luego compararlo con los precios que dan los comerciantes de oro. Cuando lo hagas, asegúrate de no pagar más de un 5% por encima del precio al contado. Si piensas invertir a largo plazo, compra pequeñas barras de oro, pero si piensas invertir a corto plazo, compra monedas o lingotes.

Si piensas vender tu oro después de haber invertido solo una pequeña cantidad de dinero, las monedas son una mejor opción. Puedes pagar tu compra de oro en efectivo, con un cheque de caja o con una transferencia bancaria.

Si piensas optar por el oro en papel y has decidido qué tipo de inversión te conviene más, busca un corredor de bolsa especializado en oro para abrir una cuenta en consecuencia. Debes saber que los ETFs pueden negociarse como acciones a través de tu corredor, pero los fondos de inversión no. Antes de invertir en un ETF o en fondos de inversión, debes comprobar la rentabilidad histórica de la inversión. Presta atención a su rendimiento en los últimos cinco años, así como a su índice de gastos. Una vez que encuentres el ETF de oro ideal para comprar con un corredor, analízalo con más detalle.

Basándote en su rendimiento en los últimos cinco años, puedes predecir un rendimiento similar o superior en el futuro. El coeficiente de gastos representa una comisión anual que se carga en tu cuenta por mantener el ETF. Por término medio, el radio de gastos de un ETF de oro es del 0,65%, lo que se considera bajo. Esto significa que pagarás 6,50 dólares por cada 1000 acciones de ese ETF al año. También puedes investigar más y encontrar uno con comisiones aún más bajas (Voigt K, 2020, 2 de noviembre).

Las precauciones que debes tomar con los ETFs incluyen que evites a los ETFs de oro apalancados, y las notas cotizadas de oro (ETNs por sus siglas en inglés). No debes comprar ETFs de oro apalancados ni comprar ETNs porque son obligaciones de deuda garantizadas. Con esto, no serás dueño del oro, y conlleva un gran riesgo crediticio.

Con los negocios en fondos de inversión, se trata de un producto de inversión abierto que se invierte en fondos cotizados de oro. El valor liquidativo del fondo (NAV por sus siglas en inglés) está relacionado con el rendimiento de los ETFs subyacentes. Para los inversores, es mucho más fácil invertir en fondos de inversión en oro que en ETFs porque pueden invertir en el fondo de inversión directamente a través de los distribuidores o en línea. Una de las ventajas de los fondos de inversión es que el fondo reúne todo el dinero de tus numerosos inversores para comprar un gran número de ETFs, lo que diversifica el fondo y reduce el riesgo. Sin embargo, los fondos de inversión tienen un coste adicional. Sus gastos de mantenimiento anual (AMC por sus siglas en inglés) se utilizan para cubrir los costes de funcionamiento del fondo, incluidas las comisiones de gestión y de servicio.

Con los fondos de inversión puedes invertir a través de un plan de inversión sistemática (modalidad SIP), que es cuando los inversores realizan pagos frecuentes en un fondo de comercio, un fondo de inversión o una cuenta de jubilación como una cuenta 401.000. Los SIP permiten a los inversores ahorrar dinero e invertir aunque no dispongan de mucho efectivo al comienzo. Con ello, también se benefician de las ventajas que supone el promediado del coste en dólares (DCA por sus siglas en inglés) a largo plazo. Esto no está disponible con los ETFs. Cuando inviertes en un fondo de inversión, tienes la oportunidad de invertir en otra moneda para comprar más oro a un precio más bajo.

Con los ETFs, tienes que comprar un mínimo de 1 gramo de oro. Las inversiones en fondos de inversión de oro que se mantienen durante más de tres años se consideran una inversión a largo plazo que te reportará ganancias de capital a largo plazo (LTCG por sus siglas en inglés). Estas se gravan al 20% con el beneficio de la indexación. Las ganancias de capital a corto plazo (STCG por sus siglas en inglés), por otro lado, se gravan de acuerdo a su nivel impositivo (Shetty A, 2020). Sin embargo, ten en cuenta que las leyes fiscales varían mucho de un país a otro, por lo que debes comprobar las leyes locales antes de tomar una decisión de inversión.

Cuanto más a largo plazo sean tus inversiones en oro y cuantos más tipos tengas, más fuerte será tu cartera de inversiones.

En cuanto a las acciones de la minería de oro, puedes analizarlas como lo harías con otros tipos de acciones. También debes evaluar la empresa en la que decides invertir. Fíjate en su valor actual neto, si este es positivo, significa que el flujo de caja futuro esperado es bueno. Se calcula en función del tipo de descuento y del plazo, tomando en cuenta el flujo de caja generado por las minas y los costes de capital, los cuales incluyen los costes de desarrollo y de exploración futura que ayudan a mantener las minas en funcionamiento y a producir oro vendible.

Antes de comprar acciones de minería de oro, ten en cuenta que no solo te afecta el precio del oro. Debes tomar en cuenta muchos factores, como el hecho de que el crecimiento y la rentabilidad de las acciones dependen de los beneficios futuros previstos de la empresa minera en la que inviertes, es decir, aparte del valor del oro, por supuesto. Más allá de esto, hay que considerar la eficacia de la gestión, las reservas, los costes de producción, las actividades de cobertura y la exploración, y el desarrollo de los proyectos de la empresa minera.

Prestarle atención al número de reservas de oro que tiene la empresa es especialmente importante, ya que existe la posibilidad de que el oro de las empresas mineras se agote. Si esto ocurre, puede hacer que tengas que reducir tu inversión. Asegúrate de que la empresa tiene suficientes reservas de oro para respaldar el plazo de tu inversión. Sin embargo, existen más de 300 empresas mineras de oro que cotizan en bolsa, y miles de otras empresas que cotizan en la bolsa en general. Piensa en este tipo de inversión como una inversión complementaria.

Aparte de las opciones de oro en papel mencionadas, también puedes invertir en certificados de oro, como el Programa de Certificados de la Casa de la Moneda de Perth. Es el único certificado de oro que está garantizado por el gobierno. Este certificado puede adquirirse en bancos y sociedades de inversión. Asegúrate de preguntar a los bancos o a las empresas de inversión dónde puedes comprarlo, ya que no todas las instituciones financieras lo venden.

A la hora de invertir, otro tipo de valores que puedes considerar son las opciones de compra y venta, pero debes saber que estas, son un tipo de producto de inversión mucho más avanzado, por lo que tendrás que investigar mucho antes de trabajar con ellas. Básicamente, una opción de compra te da derecho a comprar una acción a un precio determinado en el futuro, y una opción de venta te permite vender una acción a un precio determinado en el futuro.

El modelo *Black-Scholes* se utiliza para ofrecer una variedad de precios que ayuden a determinar un precio justo o un valor teórico para una opción de compra o de venta. Se basa en seis variables, como la volatilidad, el tipo de opción de inversión, el precio de la acción subyacente, el precio de ejercicio, la tasa libre de riesgo y el tiempo. La cantidad de especulación se centra más en los derivados de la bolsa. Por este motivo, la fijación adecuada de los precios de las distintas opciones elimina las oportunidades de arbitraje.

La fijación de los precios basados en las opciones no solo implica el modelo *Black-Scholes*, sino también el modelo binomial. El modelo *Black-Scholes* se utiliza para determinar el precio de la opción de compra europea, lo que significa que la opción solo puede operar en la fecha de vencimiento. El modelo de fijación de precios *Black-Scholes* es utilizado principalmente por los comerciantes abiertos que compran opciones cuyo precio está calculado según una fórmula. Esto es con opciones de venta que obtienen un precio superior al valor calculado por el modelo *Black-Scholes* (The Economic Times, 2020).

Paso cinco: crea una estrategia de inversión

Para crear una estrategia, tienes que decidir el tipo de oro en el que quieres invertir, la cantidad de dinero que estás dispuesto a gastar y cualquier otra consideración específica de tu situación de vida antes de invertir tu dinero. Una vez hecho esto, podrás crear una estrategia de inversión personalizada que se adapte a tus necesidades.

Debes desarrollar una estrategia de compra. Para los principiantes, es mejor comprar cantidades más pequeñas de oro a lo largo de un período más largo, que empezar a comprar mucho oro de una vez. Observarás que, cuando los precios del oro son altos, el precio de las acciones de oro sube. Comprar poco a poco te permite aprovechar las ventajas del promedio del coste en dólares, que te protege de la volatilidad de los cambios en el precio del oro. Para calcular la cantidad total de oro que debes comprar, toma en cuenta el importe total de la inversión.

Supongamos que el precio del oro es de 1.000 dólares la onza. Si invirtieras 10.000 dólares en este caso, podrías comprar 10 onzas de oro, o si solo tuvieras 1.000 dólares, podrías comprar 1 onza de oro. Para utilizar el promedio de coste en dólares, podrías comprar 1 onza de oro cada mes. A veces, puedes comprar oro cuando los precios son altos, pero es igualmente probable que compres cuando los precios son bajos. Con el tiempo, estas subidas y bajadas se compensan y se acaba obteniendo un buen precio global.

En cuanto al oro en papel, como las acciones de oro, como los ETF o las acciones mineras, el precio sería el de la acción. Por ejemplo, con un precio de 30 dólares la acción, podrías comprar 10 acciones mineras de oro por solo 300 dólares. Si tienes un presupuesto limitado, como la mayoría de los operadores de clase media o principiantes, puedes comprar oro fácilmente en cuotas mensuales. De este modo, puedes aumentar gradualmente tu inversión en oro mediante la compra de lingotes de oro que son una mejora de las alternativas de oro para principiantes.

Muchas opciones de oro físico y en papel tienen una cuota de inversión mínima de 100 dólares, lo que hace que sea fácil para casi cualquier persona tener acceso al oro. No te fijes en la cantidad de dinero que tienes. En lugar de eso, date cuenta de lo mucho que podrías hacer con tan solo unos cientos de dólares. Además, no pienses que estás desperdiciando tu dinero cuando solo tienes un poco para invertir. Verás rendimientos por muy pequeña que sea tu inversión. El dinero que inviertas se mantendrá fijo como un gasto mensual. Con el tiempo, tus aportaciones mensuales a la inversión se convertirán en una inversión mucho mayor.

Debes saber que la compra de oro en cualquiera de sus formas, especialmente el oro físico, tiene un precio de mercado que fluctúa casi todos los días. Por lo tanto, antes de comprar nada, vigila la fluctuación de los precios durante unos días o revisa los informes de las últimas semanas, meses o incluso años. Aprenderás mucho sobre cuándo se presenta el mejor precio de mercado para el oro. Si observas las épocas en las que no le ha ido tan bien, también puedes revisar el motivo, ya que podría verse influenciado por cualquier cosa que afecte a la economía, desde una pandemia hasta las elecciones presidenciales de los Estados Unidos.

Ejemplo de un plan de inversión:

Si planeas invertir 1.500 dólares en monedas de lingotes *American Eagle* de 1 onza, y lo haces destinando 100 dólares al mes en tu inversión, entonces pasarás 15 meses gastando 100 dólares en tu inversión en oro. Si una moneda de lingote cuesta 100 dólares, ganarás un lingote al mes, y esto puede variar de un mes a otro debido a las fluctuaciones de los precios. Como alternativa, puedes invertir en ETFs o fondos de inversión, que pueden ser más asequibles ya que puedes obtener más valor del oro en papel dependiendo del tipo en el que inviertas.

Si inviertes 100 dólares en una de estas opciones de oro en papel, como *Barrick Gold Corp*, y el precio de la acción es de 28 dólares por acción, puedes comprar tres acciones en un mes. Cuando este precio baje a 25 dólares por acción, lo que ocurre a menudo, podrías comprar más acciones, aunque luego cuando esté más alto, digamos 30 dólares por acción, tendrías que comprar menos acciones.

Al igual que las inversiones no garantizadas, el rendimiento de tu inversión en oro, físico o en papel, depende de cuánto suba o baje el precio. Una vez que lo vendas por primera vez, te darás cuenta de cómo funciona la rentabilidad, incluso de cuál será la misma en el futuro. La idea general es comprar a precios bajos y vender a precios altos, o al menos vender con beneficio.

Cuando ejecutes tu estrategia de inversión, trata de establecer puntos de control regulares para revisar tu inversión. ¿Están funcionando bien tus inversiones o no? Una revisión mensual estará bien, pero asegúrate siempre de que puedes hacer algunos retoques y ajustes con el tiempo. Sin embargo, si necesitas cambios importantes, revísalos muy bien y pide la opinión de expertos antes de ejecutarlos. Además, no cambies bruscamente de posición solo por las fluctuaciones del mercado. De nuevo, como inversor, tu estrategia debe incluir las constantes fluctuaciones, y debes estar preparado para decidir con cuidado cuando sea necesario.

Otro consejo es unirte a grupos y foros sobre el oro a nivel local e internacional. Allí podrás construir tu red en torno a este interés común, lo que facilitará el acceso a la información, así como a los conocimientos especializados y a los servicios fiables cuando los necesites. Incluso, puedes crear tu propia lista de personas a las que acudir para que te ayuden a resolver cualquier problema que encuentres durante tus inversiones, y lo más importante de todo es que también pueden compartir sus experiencias para que puedas aprender de ellas en el futuro.

Cálculo de la tasa de rendimiento

Puedes calcular la tasa de rendimiento también llamada tasa de retorno de tu inversión en oro utilizando la siguiente fórmula.

Cuando calcules tu tasa de rendimiento, ajustala a tu tasa de rendimiento anual para obtener la comparación más realista posible del retorno de tu inversión. Puedes corregir tus cifras en función de la inflación, para compararlas con otras formas alternativas en las que podrías haber gastado tu dinero. Por ejemplo, gastándolo en otras inversiones, guardándolo en tu cuenta de ahorros, o no ahorrándolo en absoluto y gastándolo sin nada que demostrar.

Para que te hagas una mejor idea de la fórmula de la tasa de rendimiento, considera el siguiente ejemplo:

Precio de 1992 = 343,82 dólares por onza de oro.

Precio de 2007 = 695,39 dólares por onza de oro.

Ahora, introduce estas cifras en la fórmula: [(695.39-343.82)/343.82] x 100 = 102%

El retorno de tu inversión en 16 años fue del 102%. Para hallar el rendimiento anual de la inversión, basta con dividir el total por el número de años.

102%/16 = 6,4% (anual)

Considera si hay algún impuesto aplicable a tu inversión en lingotes de oro en comparación con otras alternativas. Toma en cuenta que las inversiones con intereses y dividendos pueden generar un interés compuesto de forma regular. Por otra parte, los lingotes de oro representan un depósito de valor y posiblemente una revalorización del capital frente a cualquier crisis financiera o turbulencia económica, en lugar de una cobertura contra la inflación, ya que como te he dicho anteriormente en este libro, en tiempos difíciles generalmente los precios del oro suben, pero no cuando la inflación está alta.

Con cualquier inversión debes seguir un plan diferente que te hará triunfar. Si entiendes cómo funcionan todos los tipos de inversión en el sector del oro, podrás decidir qué inversión y estrategia son las adecuadas para ti.

Para distribuir tu oro, puedes dividirlo en tres partes diferentes:

- El seguro: los metales preciosos como el oro y la plata en físico, te protegerán contra una crisis financiera o una dificultad económica.

- La inversión: te beneficiarás de un aumento a largo plazo de los precios de los metales preciosos o de las acciones mineras.
- El capital de negociación: cuando apuestas por subidas o bajadas a corto plazo, como el dinero o las letras del Tesoro.

En cuanto a tu cartera de inversiones, puede ser conservadora, agresiva o moderada. Si es conservadora, debe centrarse en la inversión porque tiene menos costes de negociación. Si tu preferencia es agresiva, lo mejor es designar alrededor del 50% al comercio, el 30% a tu inversión y el 20% a los seguros. Si es moderada, lo ideal es designar un 40% a la inversión, un 35% al seguro y un 25% al comercio.

La parte invertida debe ser dinámica y preferiblemente que permanezca invertida en oro en las fases de alto riesgo. Si inviertes en un momento de dificultad en el mercado financiero o en la economía, debes buscar que tu inversión sea a largo plazo. Puedes considerarla a largo plazo al menos hasta que la situación cambie en los mercados y el riesgo empiece a desaparecer. A continuación, puedes vender tu oro por activos de mejor rendimiento.

Estrategias de inversión

El oro es un mecanismo de protección que puedes utilizar para salvaguardar tu bienestar financiero. Actúa como tu seguro contra la inflación, la incertidumbre mundial y la degradación de la moneda. Este metal precioso te ayudará a construir tu cartera de inversiones, lo que podría prometerte una experiencia de inversión fija en el futuro que te hará parecer más creíble en el mercado. Al invertir en oro podrás conservar el poder adquisitivo potencial de tu dinero a lo largo del tiempo. Cuanta más experiencia adquieras con las inversiones en general, especialmente en oro y plata a largo plazo, mayores serán tus posibilidades de acumular riqueza con el tiempo.

Dado que el oro se considera una clase de activo que se aleja de las trayectorias del mercado de valores, puedes asumir que tendrá una correlación negativa. Esto indica un momento en el que el mercado de valores baja y el precio del oro sube.

La diversificación

El objetivo de la diversificación como estrategia es reducir el riesgo en tus inversiones, ya que cuanto más arriesgadas sean tus inversiones, más dinero deberás asignarles a las mismas. Entonces, a partir de una estrategia de diversificación, puedes esperar que tu cartera actúe como elemento de contrapeso en el caso de lo que parece ser un mercado de bolsa variante. Te proporciona un seguro en el momento en el que la inflación afecta negativamente al valor de tu inversión en oro. Esto también se aplica a cualquier otra inversión, como los bienes inmuebles y las divisas.

Esta estrategia de inversión te protegerá de la pérdida de varios activos en caso de que algo vaya mal con tu inversión o con el propio mercado. Es importante que sepas que el mercado de valores tiene muchos altibajos cada año. Aunque, a veces hay pocas excepciones, dependiendo del estado de la economía, pero el mercado suele cambiar mucho. Por esta razón, cuando gestionas tus propias inversiones, no puedes limitarte a comprarlas y dejarlas. Debes vigilar la bolsa y estar al tanto de las tendencias económicas que afectan, en este caso, al precio del oro.

Los factores económicos que hay que tomar en cuenta son los tipos de interés, la inflación, el crecimiento económico, el desempleo e incluso la tasa de empleo. Cuando se produce un cambio significativo en la economía que afecta directamente al mercado, puede producirse una fuerte inclinación o descenso de las acciones. Aunque el oro no conlleva mucho riesgo, hay que tener en cuenta el mercado de valores y los factores que lo afectan para evitar perder demasiado dinero. Esta es precisamente la razón por la que, de nuevo, solo se recomienda invertir el 10% de tu patrimonio total destinado a las inversiones en oro u otros metales preciosos.

El comercio

Una estrategia de inversión comercial es cuando compras oro debido a que te preocupan las tendencias de riesgo y lo vendes una vez que te sientes cómodo con el nivel de fluctuación del mercado. En esta estrategia de inversión se utiliza el análisis técnico. Sumado a ello, la mejor manera de ponerla en práctica es empezar por observar los puntos máximos y mínimos anteriores. También debes tener en cuenta los patrones de los gráficos y el cambio de las tendencias. Cuando el precio del oro aumenta, debes saber si hubo un gran aumento de su precio en el pasado que haya estado por encima del nivel actual, ya que esto es una indicación obvia de objetivos subyacentes. Por otro lado, cuando el precio del oro disminuye, se debe analizar cuál es el precio más bajo que llegó a tener en el pasado.

Con una estrategia de inversión de comercio, debes considerar lo siguiente:

- Comercio con rupturas

    Esto se refiere al precio de una acción que se mueve fuera del nivel de soporte o resistencia definido con un volumen creciente. Como comerciante de ruptura, entrarás en una posición larga después de que el precio de la acción entre en una posición más corta o rompa por encima del nivel de resistencia del mercado. También puedes ir por debajo del nivel de soporte si el volumen aumenta. Los inversores comercian con rupturas para identificar un patrón en la tendencia actual de los precios con los niveles de soporte o resistencia para elaborar estrategias de posibles puntos de entrada y salida.

    Una posición larga es aquella en la que se posee la acción, o el valor de la misma, y se espera que su precio aumente. Por lo tanto, se mantiene la acción hasta que el precio suba y luego se vende para obtener un beneficio. Una posición corta es aquella en la que se cree que el precio va a bajar. Para ponerse en corto, el inversor tiene que tomar prestadas las acciones. Venderá las acciones prestadas y luego las recomprará una vez que el precio de las acciones baje, devolviendo lo que pidió prestado y beneficiándose en el proceso.

    Cuando actúes con una estrategia de ruptura de la bolsa, debes ser conciso y ceñirte a tu plan. Lo ideal es que sepas cómo entrar y, sobre todo, cómo salir cuando sea necesario.

- Comercio de tendencias

Es una estrategia popular que da a los comerciantes la oportunidad de identificar y tomar medidas en el mercado con una ventaja de impulso. El comercio de tendencias se formula en base a los mercados que tienen elementos de previsibilidad. Analizando las fluctuaciones de los precios y las tendencias históricas, los operadores pueden prever lo que ocurrirá más adelante. Se considera principalmente una estrategia de inversión a largo plazo. Sin embargo, también puede durar un periodo de tiempo corto o mediano, dependiendo de la duración de la tendencia.

Esta estrategia de negociación es adoptada por los comerciantes que prefieren un estilo de negociación oscilante o de posición. Si eres un comerciante oscilante, identificarás las tendencias y basarás tu inversión en ellas de principio a fin. Sin embargo, si eres un comerciante de posición, probablemente mantendrás una operación durante toda la duración de la tendencia predominante. Las estrategias de negociación de tendencias te ayudan a identificar las tendencias significativas en sus primeras etapas de negociación, y a salir del mercado de valores antes de que se invierta.

Los tres principales indicadores de negociación son:

1. Media móvil (MA)

   El indicador de tendencia comercial de la media móvil (MA por sus siglas en inglés) señala el precio medio de cualquier activo durante un período determinado. Al hacerlo, inicia un efecto de suavización en los datos de los precios que produce una línea única para ayudar a la capacidad de un comerciante para identificar las tendencias. Las opciones más populares incluyen medias móviles que duran desde 50 días hasta 200 días o más. Este periodo dependerá del inversor (Cattlin, s.f.).

2. Índice de fuerza relativa (RSI)

   El índice de fuerza relativa (RSI por sus siglas en inglés) se utiliza para descubrir el impulso de los precios y las señales de sobrecompra o sobreventa. Para ello, se revisan las ganancias y pérdidas del mercado en promedio, normalmente durante una duración de 14 períodos. Con esta revisión, se puede ver si los movimientos de los precios son más positivos o negativos. El RSI se presenta como un porcentaje que cambia entre cero y 100 en una escala. Cuando el indicador alcanza 70 o más, el mercado se convierte en sobrecomprado.

   Cuando baja de 30, se convierte en sobreventa. Estos niveles son utilizados por los comerciantes, y se consideran señales a punto de alcanzar su madurez. El RSI no siempre es una señal de cambio inmediato. Puede, pero no es necesariamente el caso. Aunque los valores del RSI solo cambian entre el número 0 y el 100, los precios del mercado siguen oscilando en valores mucho mayores.

3. Índice direccional medio (ADX).

Los comerciantes utilizan el índice direccional medio (ADX por sus siglas en inglés) para determinar la fuerza de una tendencia, que puede ser alcista o bajista. Esto se indica mediante la línea ADX que fluctúa en una escala del 0 al 100, al igual que el RSI. Sin embargo, cualquier valor entre 25 y 100 en este caso, indica una tendencia muy fuerte. Esta fuerza aumenta a medida que los números aumentan.

Cualquier valor por debajo de 25 indica una tendencia bastante débil. La línea ADX se traza en una ventana que es la misma que el índice de movimiento direccional (DMI por sus siglas en inglés), que consiste en sus propias líneas únicas. La línea ADX reconoce la fuerza de una tendencia, mientras que las líneas del DMI determinan la dirección, ya sea positiva o negativa.

- Comercio de un día

Esta estrategia de comercio de un día es una especulación con valores en la que un comerciante compra y vende un instrumento financiero en el mismo día de la negociación. Con esto, todas las posiciones se cierran justo antes de que el mercado cierre el mismo día de la negociación. Esto se hace para evitar riesgos inmanejables como los cambios en el mercado mientras está cerrado. También incluye las brechas negativas de precios entre el día en que se cierra y el día siguiente en el que se abre. Los comerciantes que realizan operaciones de un día se clasifican como especuladores.

Son comerciantes a corto plazo que se centran en comprar y mantener, junto con estrategias de inversión de valor. Este tipo de operaciones a corto plazo es una de las más arriesgadas. Se destaca como un tipo de juego en la industria del comercio. La mejor forma de operar en el día, es utilizando un software de comercio diario cuando se opera con oro.

Riesgos de propagación

El objetivo de las inversiones con riesgo de propagación es reducir la desventaja de la inversión. En lo que respecta a la compra de oro, deberías considerar la posibilidad de promediar el coste en dólares, sobre todo cuando designas un monto fijo de dinero para el oro de forma mensual. La realidad es que una inversión con riesgo de dispersión es el método de inversión en oro más eficaz. No solo te ayuda a reducir los riesgos, sino también a proteger el oro contra la incertidumbre financiera y la inflación.

Aunque el precio del oro ha disminuido en los últimos años, aumenta a largo plazo. Durante la pandemia del Covid-19, el precio ha sido muy bajo y se prevé que se mantenga así hasta que las economías se recuperen totalmente de los efectos de la pandemia. Esto podría llevar años después de 2020.

Incluso cuando se habla de que la vacuna estará disponible en 2021, todavía se necesitará mucho tiempo. Pueden pasar al menos cinco años antes de que la mayoría de las economías puedan volver a la normalidad o empezar a prosperar como lo hacían antes de la pandemia. Esto hace que sea el momento perfecto para invertir. Pase lo que pase, el oro se considera dinero real. Resiste muchos factores económicos que solemos percibir como negativos, como las caídas del mercado, la inflación, los intereses y la caída de las divisas como el dólar estadounidense.

Asignación

El oro se considera una necesidad para ampliar y equilibrar tu cartera de inversiones. Es una herramienta fundamental para la gestión del riesgo que te puede ayudar a reducir la volatilidad de tu cartera de inversiones. Los gestores monetarios destinan entre el 3% y el 10% del dinero a la inversión en oro. Algunos gestores que asumen más riesgos asignan hasta el 20%, lo cual es muy elevado.

Cuenta de jubilación individual (IRA)

Una cuenta de jubilación individual (IRA por sus siglas en inglés) autodirigida permite que tengas una cuenta de jubilación muy eficaz y flexible que facilita la inversión en metales preciosos. Las IRA de oro tienen comisiones más altas que las IRA tradicionales o *Roth*, en las que solo se invierte en acciones, fondos de inversión o bonos. Sin embargo, una cuenta IRA de oro sirve de cobertura positiva contra la inflación. Se concentra en una sola clase de activos.

Al añadir oro u otros metales preciosos a una cuenta de jubilación, puedes tener la oportunidad de repartir tus activos y aumentar sus rendimientos. Al repartir los activos, se reducen los riesgos potenciales de que pierdas demasiado en una sola inversión.

Consideraciones fiscales

Como con cualquier tipo de ingreso, hay que pensar en los impuestos. Es algo que a la mayoría de la gente no le gusta tener en cuenta, pero es muy importante. Tus ingresos, en todas sus formas, deben ser registrados y considerados a efectos fiscales. Hay muchas personas que prefieren invertir en oro físico, en lugar del oro en papel como los fondos cotizados (ETFs) o los fondos de inversión. A menudo lo hacen porque no entienden cómo funcionan los impuestos con el oro de papel, como los ETFs.

Lo creas o no, los inversores principiantes prefieren invertir en algo que no implique muchos esfuerzos, ya que invertir en algo que sea complicado, va a requerir muchos conocimientos y trabajo administrativo. Un buen ejemplo son las consideraciones fiscales, que requieren mucho tiempo y varían mucho según el país. La mejor opción para un inversor es ponerse en contacto con un experto fiscal de su país para que le asesore.

Dado que la mayoría de los tipos de oro físico y de papel se gravan de forma diferente, también hay que saber que cada inversión se grava de forma única o ligeramente diferente a la del siguiente activo. En los Estados Unidos, todos los metales preciosos son tomados en cuenta por el Servicio de Impuestos Internos (IRS por sus siglas en inglés) y son activos de capital clasificados principalmente como objetos de colección. Las monedas, las barras, los lingotes y las monedas raras de oro están afectados por el impuesto sobre las ganancias de capital. Además, el impuesto sobre estas ganancias solo se debe pagar después de la venta de cualquiera de estas posesiones, concretamente si se han mantenido durante más de un año.

Los valores financieros negociables, como el oro en papel, incluidas las acciones, los ETFs y los fondos de inversión, están sujetos al impuesto sobre las ganancias de capital a corto o largo plazo. Esto indica que los metales preciosos se gravan de forma diferente. El oro físico se grava igual que los tipos impositivos marginales, que pueden llegar al 28%. Esto significa que cualquier persona que se encuentre en un tramo impositivo más alto tiene que pagar el 28% sobre sus metales preciosos físicos (Anthony, 2020).

Operar con oro puede parecer complicado cuando ves toda esta información que se te presenta, pero es mucho más sencillo de lo que la mayoría de la gente piensa. El hecho de que no hayas estudiado antes el mercado o los informes financieros, no significa que no puedas entenderlo y convertirte en un comerciante de oro experto. Existen numerosas formas de simplificar toda tu experiencia. Una vez que entiendas cómo comerciar, cada operación será más rentable.

Los consejos para simplificar el comercio incluyen:

- Mantén pequeño el tamaño de las acciones de metales preciosos y minería en las que inviertes. Si quieres invertir en metales preciosos a corto plazo, debes mantenerlo pequeño. Cuanto más largo sea el plazo, mayor debe ser la inversión.
- Céntrate en los ciclos y puntos de inflexión del mercado. Teniendo en cuenta que muchos mercados tienen una naturaleza cíclica, como la plata y el dólar estadounidense, los ciclos pueden actuar como tu recurso ideal para las operaciones a corto y largo plazo.

- Los mercados poseen una naturaleza tanto cíclica como fractal. Las subidas y bajadas de los mismos son similares, lo que significa que los patrones de precios en escalas mayores son probablemente perceptibles en escalas menores. Esta perspectiva te sirve de gran ayuda a la hora de determinar lo bajo o lo alto que pueden fluctuar el oro físico o las acciones mineras.
- Debes considerar el volumen del oro, ya que es muy importante, pero a menudo se pasa por alto. Si una subida del mercado va acompañada de un aumento del volumen del oro, lo más probable es que sea el comienzo de un mercado alcista. Sin embargo, cuando una subida va acompañada de un volumen bajo o claramente decreciente, lo más probable es que termine pronto. Si el descenso va acompañado de un volumen alto o en aumento, el descenso continuará, con la excepción de que el precio se invierta. Cuando el descenso continúa, va acompañado de un volumen muy bajo y excluye cualquier implicación significativa.
- Los mínimos y máximos anteriores del mercado pueden ayudar a tus niveles de soporte o resistencia. En el mercado del oro físico, la fuerza en el soporte o la resistencia del mercado se crea como líneas de tendencia descendente o ascendente. Cuanto más significativo sea el mínimo o el máximo del mercado, mayor será la resistencia o el soporte.
- Es útil analizar los marcos temporales en los que estás enfocado. Si tienes una operación a corto plazo, asegúrate de comprobar las tendencias a mediano y largo plazo. Cuanto más extenso sea el marco temporal, más potentes serán tus niveles de soporte y resistencia. Si analizas el periodo de corto plazo que tienes por delante, te darás cuenta de que un movimiento puede ser detenido por una resistencia a mediano o largo plazo. Si te concentras en estas operaciones a largo plazo, una imagen

a corto plazo podría ayudarte a mejorar tu entrada o salida del mercado de operaciones.

Cómo protegerte de las estafas

Asegurarse de estar bien protegido de las estafas en las inversiones es muy importante. Cuando uno gasta el dinero que tanto le ha costado ganar con la esperanza de acumular más dinero con él, lo último que quiere es decepcionarse y perder todo lo que ha invertido. Normalmente, cuando esto ocurre, la gente se desmotiva mucho a la hora de invertir. Puede dar lugar a que los inversores se vuelvan extremadamente cautelosos sobre la cantidad de dinero que están dispuestos a invertir, así como el dónde y el cómo.

Para protegerte de las estafas o de las inversiones fallidas, debes ser muy consciente de los diferentes tipos de estafas. Entre ellos se encuentran los siguientes:

1. La tergiversación del oro físico: las monedas, como los lingotes normales, se presentarán como raras en un intento de cobrar en exceso a los inversores ingenuos.
2. El método de la bóveda: el comerciante se compromete a proporcionar un espacio de almacenamiento seguro para los metales que posee el inversor. Sin embargo, los metales no existen o no tienen el valor prometido.
3. Falsificación: los traficantes te ofrecerán un oro falsificado que estará muy por debajo del precio compartido por los mercados digitales.

Esta lista no es la más completa. Los estafadores pueden ser muy creativos debido a que tienen una fuerte motivación por el dinero rápido y el engaño. De hecho, a los principiantes les aconsejamos profundamente que investiguen y se nutran con los conocimientos adecuados para ser conscientes y estar protegidos contra estos timadores.

La mejor manera de evitar las estafas es tratar con comerciantes acreditados y establecidos, lo cual puedes hacer con éxito si buscas vendedores que tengan licencia a través del sitio web de FINRA. Al buscar un distribuidor, también hay que buscar los que prosperan en productos comúnmente aceptados. También debes insistir en los acuerdos de almacenamiento establecidos, para que te asegures de que los productos que compras son legítimos y no están fuera del mercado. Para mayor seguridad, comprueba en el Better Business Bureau (BBB) si hay alguna queja contra tu corredor. Puedes comprobar la integridad de tu corredor simplemente investigando en línea.

Teniendo en cuenta los diferentes factores y considerándolos todos juntos, también debes mantener el sentido común sobre las inversiones que realizas. En otras palabras, si una inversión parece demasiado buena para ser verdad, probablemente es porque no lo sea. Por lo tanto, debes ser muy consciente de las decisiones que tomas en cada momento con tus inversiones.

Antes de obtener beneficios con éxito, también tienes que aprender a reconocer las estafas y aprender a mantenerte a salvo de ellas. Esto se puede hacer teniendo en cuenta y aplicando varios factores que incluyen:

1. Realiza tu investigación

   Las estafas de inversión en oro que suelen ser comunes hoy en día incluyen empresas que carecen de reputación, experiencia y credibilidad. Este tipo de empresas suelen ser nuevas e inician principalmente debido a un precio y una demanda superiores a la media de metales como el oro y la plata.

2. Comprueba la integridad con el BBB

   Comprobando el BBB, podrás establecer si la empresa de corredores de bolsa ha recibido alguna queja anteriormente. También podrás averiguar si se han tomado acciones legales contra ellos. Si estás pensando en invertir en oro, es fundamental que consultes al BBB para asegurarte de la integridad de tu corredor.

3. Revisa los foros de inversión en oro en línea

   Para evitar estafas al invertir en oro, puedes investigar las posibles empresas de corredores de bolsa e inversores consultando los foros de inversión en línea. También puedes tomar en cuenta los metales preciosos en los que decides invertir. Los foros suelen poner en evidencia a las empresas poco fiables, que puedes tachar de tu lista de candidatos de inmediato. Al hacer esto, te estás asegurando de elegir a la empresa correcta con la que trabajar.

4. Mantén las compras dentro de tu país de origen

   Cuando estás empezando en este negocio, es mejor invertir localmente. Una vez que adquieras experiencia en las inversiones, podrás ampliar tu cartera e invertir en países extranjeros. Al comienzo mantén tus inversiones más grandes dentro de los Estados Unidos, y si tienes que hacerlo, haz inversiones más pequeñas en otros países. La razón de esto es que Norteamérica suele tener una economía estable. Sin embargo, el valor de otras formas de inversión en oro, como el oro físico o los ETFs de oro, están ligados al valor propio del oro, y estos son una gran inversión en cualquier país.

5. Piensa por ti mismo cuando estés en Internet

   Todos sabemos que en Internet no existe precisamente un manual que te diga la verdad absoluta. Todo es un juego en la red, por lo que tienes que asegurarte de que cuentas con el conocimiento y el contexto adecuado sobre cómo invertir de forma segura en línea. Es posible que hayan muchas estafas que aparezcan en tu buzón, o incluso como anuncios en la lista de pestañas que contienen tus sitios web. También hay innumerables monedas y lingotes falsos que se venden en línea, por lo que es mejor que acudas a un corredor de confianza cuando compres o vendas oro.

6. No creas todo lo que ves

   Las estafas suelen presentarse con una fachada impresionante donde te harán promesas increíbles. La verdad es que suelen ser extremadamente atractivas y engañosas. Por lo tanto, si te entusiasmas demasiado con un anuncio o una inversión en línea, asegúrate de investigarlo a fondo. No recibirás un correo electrónico que te diga cuántos millones podrías ganar. Tampoco tendrás que hacer ninguna promesa antes o cuando decidas invertir. Cualquier cosa que parezca irreal probablemente lo sea.

   Existe un riesgo mucho mayor de fraude con las cuentas de inversión en oro y otros tipos de inversión, como lo son los futuros del oro y la posesión de lingotes.

7. Confía poco y en pocos

   Cuando compres lingotes o inviertas en ellos con otras personas, solo debes confiar en empresas reconocidas. Si una empresa no tiene un historial o reputación, no es una buena señal. Puedes encontrar una amplia gama de empresas respetadas que están disponibles para ayudarte, y que lo hacen de todo corazón.

8. Elige oro físico de alta calidad

   Los lingotes, monedas y barras de oro deben tener un sello que indique su peso, fabricante y calidad. Si falta alguno de estos datos, deberías comprar oro en otro sitio. Para evitar posibles estafas en la inversión, hay que asegurarse de buscar el oro de mayor calidad, como *Produits Artistiques Métaux Précieux* (PAMP) o *Credit Suisse*. Estas dos opciones son las más buscadas por los inversores.

9. Al principio solo compra un poco

   Al ser un principiante, no es necesario que te precipites y compres grandes cantidades de oro de una vez. No. En su lugar, puedes aprender comprando una pequeña cantidad de oro. Si lo pierdes, sabrás qué hacer con tu inversión la próxima vez sin perder demasiado, lo cual debería ser tu mayor objetivo. Al invertir en una cantidad pequeña de oro, también tendrás más posibilidades de sentirte cómodo con los proveedores de oro y de evaluar su calidad adecuadamente. A menos que sepas que puedes confiar en una empresa proveedora, tampoco inviertas grandes sumas de dinero.

10. Comprueba si el oro de verdad existe o no

    Las estafas relacionadas con el oro suelen incluir lingotes de oro o acciones de empresas mineras que no existen. La inversión en acciones de empresas o en oro que sea comprado y almacenado solo para ti, no suele proporcionarte pruebas que demuestren que estás en posesión de una inversión tangible. En este caso, es muy probable que el corredor sea deshonesto, se arriesgue y desaparezca junto con tu inversión inicial.

Capítulo 4:

Cómo encontrar oro

Es necesario saber qué buscar incluyendo dónde comprar el oro y cómo identificar la diferencia entre el oro real y el falso para cumplir correctamente con el objetivo de tus inversiones. Cuando compras oro físico, puedes verlo y tocarlo, lo que es útil para identificar si es realmente auténtico.

Hoy en día el proceso de compra implica la búsqueda de varios productos de oro en línea, pero solo en sitios web de buena reputación que han estado en el negocio durante mucho tiempo. Aquí puedes seleccionar el oro físico que deseas comprar, como lingotes de oro, por peso, precio y cantidad. Algunos de los minoristas de oro que compran en línea ofrecen descuentos a los inversores que están dispuestos a comprar grandes cantidades de oro. Dichas compras suelen realizarse a través de una transferencia bancaria o de un pago por tarjeta de crédito y luego te la entregan directamente.

Una vez que recibas la entrega, te recomiendo que la conserves en el embalaje en el que vino, para que puedas protegerla de posibles daños. Lo mejor es guardar los lingotes de oro o cualquier otra forma de oro en una caja de seguridad o en el banco.

Cuando compres oro físico, ten en cuenta que tienes que poder trabajar con él a mano y almacenarlo o transportarlo con seguridad. Dado que es delicado, no necesariamente querrás manejarlo en grandes cantidades si no tienes la asistencia necesaria para mantenerlo a salvo. Al comprar oro, recuerda que, con el tiempo puedes querer liquidar el oro físico, especialmente los lingotes de oro. Por ello, te resultará mucho más fácil vender tu oro en cualquier momento si optas por lingotes de oro de 10 onzas en lugar de lingotes más grandes. En todo caso, la flexibilidad es clave en este negocio por lo que si compras lingotes de oro, tampoco tienes que comprar lingotes de oro de 10 onzas únicamente.

También puedes comprar lingotes de 1 onza. Todo depende de cuánto estás dispuesto a gastar en tu inversión. Si te fijas en todos los detalles, un lingote de 1 gramo a 5 gramos conlleva un mayor coste de fabricación que un lingote de oro de 1 onza a 10 onzas. Con el coste de fabricación añadido, el oro se venderá a un precio más alto, por lo que tampoco debes optar por productos de oro demasiado pequeños. Aunque si no incluye un coste de fabricación elevado, puedes comprarlo en tamaños más pequeños.

En este punto, ya es un hecho conocido que hay que encontrar un distribuidor de confianza con el que trabajar y que tenga un historial de éxito en la venta de oro a los clientes. Entonces, ¿por qué tanta gente cae en estafas y pierde su dinero?

Bueno, suele ser porque la gente se precipita demasiado rápido. No es ningún secreto que una gran parte de cualquier sociedad o grupo de personas se siente atraída por los tratos. Los que no saben distinguir entre un verdadero argumento de venta o presentación de un producto y un servicio falso, corren un gran riesgo de caer en una trampa. Este es un gran problema para los inversores principiantes. Por eso suele ser útil pedir consejo sobre distribuidores de confianza a personas que lleven tiempo en el mundo de la inversión. Eso sí, asegúrate de que confías en ellos antes de pedirles consejos.

Ya sabes que tienes que comprar oro por Internet, pero también puedes hacerlo a través de algunos bancos o empresas de corretaje. Sin embargo, una de las formas más fáciles de comprar oro es a través de un distribuidor. También puedes comprar oro en papel en la Casa de la Moneda de los Estados Unidos, que lleva comercializando productos de oro desde la década de 1980. Algunos de los sitios web preferidos que se han forjado una reputación son APMEX, JM Bullion y WholesaleCoinDirect.com.

A algunas personas les gusta optar por el oro que es caro hasta el punto de superar el precio al contado o el precio de los minoristas de comercio general. En Las Vegas, Nueva York y Dubai, puedes comprar oro en un distribuidor llamado *Gold-to-Go ATMs*. Este distribuidor en línea es muy recomendable, pero su compra es más cara. Aunque puedes encontrar oro por debajo del precio al contado, también debes tener cuidado con el oro cuyo precio sea demasiado bajo. Recuerda que todos los metales preciosos tienen un valor. Por esta razón, nunca debes confiar en nadie que quiera venderte oro o cualquier otra cosa que sea negociable en el mercado si su precio es demasiado bajo.

Puedes comprar oro en los bancos, a los corredores o en la lista de distribuidores de la web mencionada. También puedes pujar por lingotes de oro en un sitio de subastas en línea, como eBay, el cual sorprendentemente también es una opción segura cuando se trata de comerciar con oro. Cuando compres en sitios web de subastas, siempre debes revisar los comentarios sobre el vendedor. En eBay específicamente, no se pueden falsificar reseñas, lo que significa que recibirás opiniones honestas. Si un vendedor no tiene reseñas, es mejor no tomarlo en cuenta y pasar al siguiente. Aunque sean auténticos, también pueden no serlo, y ese es un hecho del que siempre debes estar muy pendiente.

Para asegurarte de que estás comprando oro de la forma correcta, fijate en el historial de transacciones del vendedor, sus opciones de pago, su reputación, la transparencia de sus precios y la información sobre los riesgos. Algunos de los mejores distribuidores en línea son *Patriot Gold Group, Lear Capital y Advantage Gold.*

Cómo identificar que el oro es auténtico

El oro no es un metal magnético, por lo tanto si es atraído por un imán, es un claro indicio de que estás sosteniendo una pieza de oro falsa. Cuando tiras una moneda o un lingote al agua, si es oro auténtico se hundirá, pero si no lo es flotará. El oro auténtico tampoco se oxida ni reacciona a los factores ambientales, por ejemplo, adquiriendo manchas por decoloración. Si reconoces una decoloración en una pieza de metal que se supone que es de oro, es probable que esté chapada y contenga otro material debajo. Si compruebas todos estos detalles, podrás confirmar si tienes oro auténtico en tu poder o no.

El oro auténtico se reconoce por su suave color amarillo, poco brillante. Si la moneda o el lingote que tienes es demasiado brillante, tiene un color demasiado amarillo o tiene otro tono como el rojo, no es oro puro. Para profundizar un poco más en el tema, puedes comprobar el sello del oro o las marcas que deben estar grabadas en el oro auténtico de todo el mundo. Estos grabados, incluido el peso y las dimensiones del oro, también deben coincidir con las especificaciones que has recibido del fabricante. Si no coinciden, es probable que el producto no sea auténtico. Estos grabados contendrán la pureza del oro, las marcas de ceca y el peso.

Cuando veas sellos como GF, GP, HGP, GEP, 1/20, .925, es una clara indicación de que tu oro es otro material que está chapado en oro, y no es oro puro.

Quizá una de las formas más fáciles de reconocer el oro falso sea colocarte una moneda en la mano durante unos minutos. Si tu piel empieza a sudar, como resultado de una reacción química con el metal, el oro es falso.

Otra prueba de bricolaje que puede ayudarte a identificar el oro auténtico es exponerlo al vinagre. Si el color del oro cambia, no es oro puro. El color de todos los tipos de oro nunca cambiará, independientemente de lo que se le añada.

Cómo pesar el oro

Existen diferentes métodos para pesar el oro, los cuales se utilizan en todo el mundo. El proceso de pesado del oro no solo implica el peso físico del oro que se mide, sino también su pureza. Particularmente en los Estados Unidos, el oro se pesa utilizando una unidad de medida llamada onzas troy. Su pureza, en cambio, se mide en quilates.

Según el sistema troy, 1 onza troy = 31,10348 gramos, y la fórmula de los quilates de oro puro consiste en dividir el peso del oro entre 24.

Esta forma de medir no es la misma en lugares como el Sudeste Asiático, que utiliza la tola (⅜ onza), o China y Hong kong que utilizan el tael (50 gramos en China = 37,799 gramos en Hong kong). Tailandia utiliza la medida denominada baht (15,244 gramos).

Cómo funciona el coste del oro

Aparte de la cantidad de oro que le compres a un vendedor o a un banco, el precio total del oro incluye también otros gastos, como lo son los siguientes:

- Gastos de transacción

    Esta comisión incluye el incentivo además del precio al contado que tienes que pagar para comprar el oro. Esto lo cobra el concesionario por la venta del oro.

- Gastos de envío

    Puedes obtener el envío gratuito cuando sobrepases el requisito de compra mínima con tu inversión en oro. Si compras oro por debajo del requisito mínimo de compra, tendrás que pagar una tarifa de envío. Dependiendo de tu ubicación, el transporte del oro físico puede llegar a ser bastante caro, por lo que es mejor comprar la cantidad que te permita obtener el envío gratuito.

- Gastos de seguro

Cuando compras oro físico, es obvio que necesitas pagar un seguro para cubrir la posible pérdida o cualquier inconveniente que ocurra con tu oro. Si no lo haces y tu oro es robado o dañado, no hay nada que puedas hacer para reclamar el dinero que perdiste. Muchas personas caen en la trampa de pensar que el seguro es un gasto innecesario. Aunque guardes el oro en tu casa, es mejor prevenir que lamentar, ya que el oro es una posesión muy valiosa.

- Gastos adicionales

Además de los gastos de transacción, envío y seguro, es posible que tengas que pagar una comisión de gestión por el almacenamiento y la seguridad de tus activos de oro. Esto se cobra por peso o una cuota mensual que se fija cuando compras pequeñas cantidades de oro.

Qué hacer y qué no hacer al comprar oro

Lo que hagas o dejes de hacer en el momento de comprar oro es determinante para saber si tu inversión te hará ganar o perder dinero con el tiempo.

Qué hacer:

- Comprobar la pureza

    La pureza del oro se suele medir en finura o quilates. La forma más pura de oro es de 24 quilates (KT en inglés), lo que indica que las 24 partes de oro consisten en oro puro. Deberías considerar la posibilidad de comprar oro de 22 KT a 24 KT. Solo tienes que saber que a medida que los quilates disminuyen por debajo de 24 KT, la calidad empieza a bajar porque el oro se mezcla con plata o zinc. Sin embargo, esto hace que el oro de 22 KT sea más resistente que el oro puro. El oro de 22 KT sigue siendo relativamente puro, con un 91,67% de oro real, y es especialmente útil si necesitas oro duradero (Schiff, 2019). Este es un factor muy importante que debes considerar antes de comprar oro.

- Invierte en monedas en lugar de joyas.

Cuando compres monedas de oro, asegúrate de hacerlo con monedas de una marca conocida. Entre ellas se encuentran *South Africa Krugerrand Gold Coin, UK Sovereign, American Eagle Gold Coin, Canadian Maple Leaf Gold, Swiss Vrendi* y *la Turkish Gold Coin*. Todas estas empresas están certificadas y gozan de buena reputación en el sector de las inversiones en oro.

El oro en cualquiera de sus formas es mejor que cualquier otra inversión. Sin embargo, la compra de monedas de oro se considera el tipo de inversión más sensata que puede hacer un principiante, o incluso un inversor avanzado. Esto se debe a que el valor de las monedas de oro va más allá de su símbolo de estatus en comparación con otros tipos de inversiones. Siempre es un buen momento para invertir en monedas de oro porque su precio continúa aumentando.

- Pide una factura

Puedes evitar cualquier discrepancia en el futuro si obtienes simultáneamente una factura del lugar donde compras el oro. Es muy importante asegurarse de que la factura que recibas destaque detalles importantes. Esto incluye el peso y el precio por cada gramo para reclamar tu compra en caso de que alguien intente venderte oro falso. También es muy importante que el número de serie del oro coincida con el del billete.

- Comprueba diariamente los precios del oro

Los precios del oro seguirán fluctuando, tanto aumentando como disminuyendo. Aunque siempre sube a lo largo del tiempo, hay bajadas regulares del precio a corto plazo. La única diferencia con respecto a otros tipos de inversión, es que la mayoría de las veces sube y no baja. Por lo tanto, si ves que baja, no pienses que te has equivocado o que te han mentido acerca de que el precio del oro siempre sube. Aumentará gradualmente con el tiempo. Para conseguir la mejor oferta, tendrás que vigilar las fluctuaciones de los precios y estar al tanto de la cotización diaria de los lingotes.

Cuando compres oro, debes de comparar los precios antes de comprar nada. Comparar los precios, especialmente los cargos añadidos por los distintos vendedores, te dará una buena idea de que es un buen precio de venta. Comparando los precios, sabrás dónde y cuándo es el mejor momento para comprar.

Lo que no debes hacer:

- Comprar oro utilizando dinero prestado

Tomar dinero prestado para una inversión en oro es muy arriesgado. Si el precio del oro es volátil y cae lo suficiente, puedes perder dinero por apalancar tu inversión, por lo que nunca debes comprar oro usando dinero no te pertenece.

- Comprar monedas por su valor histórico

Aunque puede parecer interesante y una movida inteligente comprar ciertas piezas de oro por su valor histórico, no lo es. Si compras monedas históricas, acabarás gastando mucho más dinero en ellas que en el oro normal debido a su valor histórico. Además, no todo el mundo está interesado en las monedas históricas, por lo que es posible que no se vendan a un precio más alto o tan rápido como el oro físico moderno actual. Por lo tanto, solo debes comprarlas si quieres conservarlas o sabes muy bien cómo venderlas.

- Pagar un incentivo por las monedas de prueba de oro

Las monedas de prueba son las monedas de edición especial de oro. Se fabrican a mano con troqueles especiales y se empaquetan en un estuche diferente para presentarlas como oro de edición especial. Por lo general, no están pensadas para ser una inversión. En cambio, se utilizan como objetos de colección. Al igual que comprar monedas por su valor histórico no siempre es una buena idea, comprar monedas de oro de prueba y pagar una cantidad superior por ellas tampoco lo es. Estas monedas se someten a procesos químicos que también les hacen perder pureza, lo que reduce su valor.

- Vender a los joyeros

El mercado de las joyas de oro es sin duda uno de los más rentables del mundo. Sin embargo, debes tener mucho cuidado al comprar oro con el propósito de revenderlo. La posibilidad de que obtengas un beneficio es muy escasa cuando se lo compras a un comerciante e intentas revenderlo a otro comerciante. Los distribuidores normalmente no te compensarán por el aumento del precio que se produjo al fabricar o moldear el oro para convertirlo en joyas. Si alguna vez compras una joya y no puedes venderla al mismo comerciante al que se la compraste, no deberías haberla comprado en primer lugar.

- Manipular el embalaje

Las monedas de oro se venden en envases resistentes a la manipulación. Si rayas, abres o dañas el embalaje después de haberlo comprado, tendrás problemas para venderlo a otro comprador. En el caso de que compres oro a un vendedor, tienes que asegurarte de que el embalaje está sellado y sin daños. Si no lo haces, puede disminuir fácilmente su valor después de comprarlo. Cuando el embalaje permanece sellado, solo entonces puedes estar seguro de que el oro no ha sido adulterado y de que su pureza se mantiene intacta.

Dónde guardar el oro

El lugar que elijas para almacenar tu oro depende de varios factores como por ejemplo, cuál es tu país de residencia. Si vives en un país de tercer mundo en el que es peligroso guardar dinero o activos de gran valor en tu casa, puedes optar por almacenarlo en el banco. La mayoría de los inversores, especialmente los principiantes, quieren invertir en oro físico. Con esto, a menudo se encuentran en una encrucijada cuando piensan en dónde almacenarlo.

Si piensas en tu lugar de residencia actual, ¿crees que es lo suficientemente seguro para almacenar algo tan valioso como lingotes de oro, especialmente en grandes cantidades? ¿Es el sistema de seguridad de tu casa lo suficientemente bueno como para salvaguardar tus bienes de cualquier amenaza potencial?

Elegir un lugar seguro para almacenar tu oro es fundamental. De hecho, algunas personas que poseen varias inversiones en activos físicos tienen incluso un plan de almacenamiento doméstico crítico. Si te conformas con la idea de almacenar el oro en tu casa, tienes que considerar lo siguiente:

- ¿Cómo puedes saber si tu casa es un objetivo de robo?
- ¿Dónde puedes esconder el oro en tu casa?
- ¿Son posibles las catástrofes naturales en tu zona de residencia?
- ¿Cuáles son los pros y los contras de las cajas fuertes y las alarmas de seguridad?
- ¿Debes asegurar tus metales preciosos?
- ¿Cuál es el plan de almacenamiento ideal para ti?

Si no puedes responder a estas preguntas con una respuesta segura y positiva que salvaguarde tu oro, deberías reconsiderar la posibilidad de almacenarlo en tu casa. Además, debes tener en cuenta dos cosas más: primero debes conocer el lugar donde se almacenan tus lingotes, y segundo debes poder acceder a ellos.

Lo que ocurre con la posesión de oro es que también tiene que haber otra persona que sepa dónde está almacenado. Esta persona debe tener la llave, las instrucciones y la clave acceso para acceder a él. Evidentemente, debe ser alguien en quien confíes plenamente. Puede ser alguien de tu casa o ajeno a ella. Lo importante es que sea de confianza. Cuando elijas a esta persona, tienes que estar 100% seguro de que estás eligiendo a la persona correcta. Mucha gente no quiere compartir estos detalles con nadie porque hoy en día no es fácil confiar en las personas.

Sin embargo, con el oro deberías hacerlo porque si alguna vez te enfermas o tienes un accidente, tendrás que tener a alguien de confianza que pueda acceder a él. En cualquier caso, es necesaria al menos una persona en la que confíes que mantendrá tu plan de riqueza a salvo.

Algo en lo que la gente puede llegar a equivocarse de forma inocente, es pensando que es completamente seguro compartir información de cualquier tipo sobre el oro que se posee. Claro, una cosa es hablar de las diferentes inversiones que te interesan con tus amigos o en las redes sociales, pero compartir demasiada información es muy arriesgado. Si la gente se entera de que almacenas tu oro o cualquier otro activo en tu casa, te convertirás en un objetivo de robo. Si alguna vez ocurre esto, debes transportar inmediatamente tu oro y tus activos a un banco o empresa de corretaje que puedan mantenerlos seguros.

Cuando se trata de seguros, debería ser una obviedad contratar un seguro para algo tan valioso como el oro, ¿verdad? Sin embargo, hay uno o dos casos en los que puede no ser una buena idea. Los únicos casos en los que no deberías asegurar tu oro es en la situación hipotética de que se rompa la regla de la confianza única, o por el hecho de que sea demasiado costoso. Por otra parte, si es demasiado costoso, deberías optar por el oro en papel, que puede aportar tanto valor como el oro físico, pero con seguridad.

Asegurar tus metales significa que tendrás que revelar ciertos detalles sobre tus posesiones de lingotes a completos desconocidos. Si la compañía que te ofrece el seguro no es de confianza, podrías poner en riesgo tu oro o cualquier otro activo acerca del que proporciones información. Cuando elijas una compañía de seguros, debes tener la seguridad de que estás tratando con profesionales de confianza. Facilitar los datos de tus activos de oro a cualquier persona siempre conlleva un riesgo.

Si quieres asegurar tu oro y éste supera el precio de los 2.000 dólares o más, por onza, en un momento dado, es necesario esperar a encontrar una compañía de seguros asequible. La mayoría de las pólizas de seguro de hogar en los Estados Unidos solo cubren 250 dólares en objetos de colección, entre los que se encuentran el oro y la plata. Es posible aumentar el importe de cobertura, pero suele ser costoso. Hay algunas empresas privadas que ofrecen pólizas de seguro para metales preciosos, siendo *Hugh Wood Inc.* la más destacada. Para hacerte una idea del coste, tendrás que ponerte en contacto directamente con la empresa para que puedan analizar tu situación particular.

Si optas por almacenar tu oro en casa, puedes elegir entre esconderlo, enterrarlo o utilizar una caja fuerte para asegurarlo. La opción de ocultar el oro significa esconderlo al menos a tres capas de profundidad en un contenedor. También puedes guardarlo en un espacio que no sea obvio y que nadie lo considere como un lugar donde guardas oro. Puedes utilizar una joya barata como señuelo. Asimismo, es importante que no guardes el oro en un solo escondite. Guárdalo en un contenedor impermeable, hermético y libre de erosión. Si lo entierras, busca un lugar de la propiedad en el que se te haga sencillo recordar dónde está. Este lugar no debe ser obvio ni fácil de encontrar para nadie más.

También puedes optar por la opción más típica, que es guardarlo en una caja fuerte bajo el suelo de tu casa o en un lugar de almacenamiento. De este modo, podrás acceder a tus activos de oro sin que sean vistos. Es importante acotar que la caja fuerte debe ser a prueba de fuego, no tan pequeña como para poder transportarla, y debe estar protegida contra los elementos.

Capítulo 5:

Cómo incorporar el oro a tu cartera de inversiones

El momento en el que el oro parece ir bien en el mercado, la gente se apresura a comprarlo, ya que tienen la idea de que seguirá subiendo o eso es lo que esperan. Cuando la estabilidad del dólar estadounidense es incierta, los precios del oro también aumentan. Solo quiero decirte que por muy bueno que parezca el momento para comprar oro, deberías tomarte un momento para considerarlo.

A estas alturas, no es ningún secreto que los inversores adoran el oro. Se sienten atraídos por él porque es un objeto de comercio excepcionalmente bueno. De hecho, cuando lo poseemos y lo tocamos en su forma física, hace que nuestro cerebro grite inmediatamente "estabilidad". De igual forma, lo mismo ocurre con tu cartera de inversiones. Hay una demanda increíblemente grande de oro y como se considera un activo seguro para invertir, es bueno para tu cartera de inversiones. A su vez, es bueno para ella porque suele implicar un proceso en el que se compra oro a un distribuidor, se envía y se almacena. También, requiere la gestión de los gastos como los impuestos, el seguro, y finalmente su reventa.

Cuantas más veces hayas comprado y vendido oro con éxito, mayores serán las posibilidades de que tengas una cartera exitosa. Esto se traduce en experiencia para que otros inversores, distribuidores y cualquiera que esté dispuesto a comprarte oro, te tome en cuenta y te considere un inversor más fiable y con buena reputación. Piensa que es como añadir una insignia a tu nombre. Otros profesionales del mercado financiero y de inversiones te respetan e incluso están dispuestos a venderte oro a precios más bajos, lo cual aumenta tus beneficios propios.

El oro cumple una función muy útil en tu cartera de inversiones, especialmente si negocias con diferentes tipos de oro a lo largo del tiempo, desde el físico hasta el de papel. El término "metales preciosos" para la plata y el oro es perfectamente adecuado. Aunque este último tiene una gran demanda, también es limitado y, por lo tanto, muy especial. El oro debería ganarse el mismo respeto y ser tratado como otros activos del mercado para una cartera de inversiones. Normalmente, los inversores no le dan mucha importancia, pero encontrarían mucho más valor si se cuestionaran el tamaño de las inversiones en oro, en lugar de solo la decisión de incluirlo o no.

Añadir oro a tu cartera es una forma estupenda de añadir equilibrio a la misma como inversor, ya seas un principiante o un inversor experimentado. No solo le aporta equilibrio, sino que también introduce más variedad en ella. Diversifica tus activos, lo que puede protegerte de numerosos acontecimientos del mercado. Se ha demostrado que las asignaciones de oro salvaguardan y mejoran tus rendimientos al mismo tiempo que reducen la volatilidad. Sirve como una cobertura clásica contra la inflación debido a la tendencia de sus precios, que suben durante los periodos inflacionistas, lo cual también se ve afectado por el aumento de los precios del consumo.

La evidencia demuestra que el oro es un excelente agregado para tu cartera de inversiones, según el *Investment News*. En septiembre de 2019, el *Investment News* afirmó que durante un período de 15 años, una cartera que incluía una asignación del 60% al índice S&P 500, y una asignación del 40% al índice *Bloomberg Barclays US Aggregate Bond*, produjo una ganancia anual del 10% y un riesgo del 10,5%. La reconfiguración de la cartera a un 60% de acciones, un 25% de bonos y un 15% de oro hizo que la ganancia anual subiera al 11,2%. El riesgo anualizado era entonces del 11% (Rothans, 2020).

Como inversor principiante, ya sabes que no deberías asignar más del 10% de tus inversiones totales al oro. En cuanto al límite inferior de las inversiones en oro, para crear una cartera positiva y equilibrada, lo mejor es añadir al menos un 5% de lingotes de oro a tu cartera de inversiones.

Cuando construyas tu cartera de inversiones, haz las siguientes tres cosas:

1. Decide qué proporción vas a asignar a cada clase de activo. Esto vendrá determinado por tus ganas de tomar riesgos, tu horizonte temporal y tus objetivos financieros.
2. Considera los rendimientos ajustados al riesgo, en lugar de los rendimientos principales.
3. Para garantizar el equilibrio de tu cartera, asegúrate de que está por encima de la tasa de inflación durante el periodo en tendencia.

En el momento en el que hayas determinado la posición del oro en tu cartera de inversiones, debes saber que tienes que revisar periódicamente que esté bien equilibrada, para que tu exposición general al oro se mantenga siempre igual.

Capítulo 6:

La venta del oro

El mejor momento para vender oro es cuando el tipo de interés real, es decir, el tipo de interés nominal o declarado menos la tasa de inflación, es superior al 2%. Otro indicador es cuando el precio del oro cae un 10% por debajo del promedio de los 25 días. También es un buen momento para vender cuando el dólar estadounidense está bastante fuerte y el precio del oro permanece estancado. Además, hay que tomar en cuenta que el oro tiende a alcanzar picos cíclicos cada 22 meses.

La relación Dow/Oro compara el precio de las acciones del mercado con el precio del oro, y puede indicar el momento en el que las acciones están infravaloradas o sobrevaloradas. Cuando la relación es baja, significa que las acciones están baratas y que es un buen momento para vender oro. Entonces podrás invertir el dinero en acciones mientras que los precios sean buenos. Vender oro es relativamente fácil si sabes cómo hacerlo. Otra razón por la que los inversores prefieren el oro a otros tipos de inversión, es que te ofrece una opción de reserva que puedes utilizar si necesitas dinero inmediato.

Si las condiciones del mercado son buenas, recuerda que siempre pueden ser mejores. Si estás desesperado, querrás vender tus activos de oro lo más rápido posible. Lo ideal, es que tengas la capacidad y la paciencia de esperar a que el precio del mercado mejore antes de vender tu oro. La única excepción sería si las inversiones en oro ocupan más del 10% de tu cartera y necesitas reequilibrarla.

Cuando quieras vender oro rápidamente de forma regular, ten en cuenta que es mejor comprar pequeñas cantidades de oro. Aunque no consigas el precio de mercado que deseas cuando necesites vender tu activo, deberías venderlo si puedes conseguir el 90% o más de su valor de mercado actual. Por otro lado, todo lo que esté por debajo de ese valor no vale la pena. El motivo es que hay que tener en cuenta el coste de los beneficios del vendedor, además de la fundición y el refinado del oro.

La cantidad de oro que estés dispuesto a vender debe depender de las necesidades que tengas. Como comerciante, si tu objetivo es aprovechar el oro a precios altos y volver a comprarlo cuando los precios bajen, lo mejor es vender la mayor parte de las existencias de oro que poseas. Si necesitas dinero extra o tienes la necesidad de equilibrar tu cartera, puedes vender suficiente oro para satisfacer tus necesidades.

Por ejemplo, si posees 50 onzas de oro y su precio es de 1.000 dólares por onza, y necesitas 3.000 dólares, puedes vender 3 onzas de tu inversión en oro para recuperar la cantidad necesaria.

Si quieres ser un cazador de catástrofes y crees que el sistema económico está abocado al colapso, deberías conservar tu oro hasta que el mercado sea tan ideal que no tengas más remedio que venderlo.

Otras razones por las que puedes necesitar vender oro son cuando los precios del oro son demasiado altos y el activo constituye una parte demasiado grande de tu cartera de inversiones. También puedes vender cuando tus circunstancias cambian y necesitas una mayor reserva de efectivo para emergencias. Por último, puedes vender oro para cubrir tus gastos personales después de la jubilación o cualquier otro gasto que no esté cubierto por tus otras inversiones.

El proceso de venta del oro

Al vender oro hay que saber cómo, dónde y cuándo es el mejor momento para hacerlo. Al igual que hay que alejarse de los vendedores falsos, también se debe tomar en cuenta la posibilidad de encontrarse con compradores falsos. Suelen ser compradores emergentes o de hoteles. Los quilates de oro no deben mezclarse en las fiestas de casas de oro. Deben permanecer separados y organizados.

Como posible vendedor, toma en cuenta la balanza para asegurarte de que no te pesan por un céntimo o te pagan por un gramo. Siempre debes revisar los términos y condiciones de tu venta y documentar toda la información que recibas mientras continúa el proceso de venta de tu oro, ya que si no tienes la documentación adecuada en tu poder y caes en una estafa, te arriesgarás a nunca recuperar tu inversión.

En primer lugar, comprueba los términos y condiciones cuidadosamente. Después, comprueba la política de reembolso y las credenciales del comprador, ya que debes tener licencia para comprar oro. Si un comprador no te pide tu identificación, es un claro indicio de que no estás tratando con un comprador real.

Antes de vender un artículo de oro que será fundido en oro líquido, debes asegurarte de que no vale más dinero en su forma actual. Esto podría ser una oportunidad para que un comprador pague menos por el oro que vendes, que es lo que quieres evitar. Nunca te abstengas de negociar y siempre di que no cuando algo te parezca mal.

El oro suele comprarse por Internet, y por el mismo medio puedes venderlo. Es una buena manera de ampliar tus horizontes y de presentarte como un vendedor de buena reputación. Además, puedes encontrar verdaderos compradores de oro en sitios web como *GoldFellow, National Gold Buying, Empire Gold Buyers y Express Gold Cash*. Vender en línea es muy fácil, y estos sitios web facilitan muchísimo la tarea.

Dependiendo del comprador al que le vendas, podrías recibir el pago en uno de los siguientes plazos; al instante, dentro de unos días, o puede que tengas que esperar un tiempo considerable antes de recibir el pago. Estos sitios web están simplificados para adaptarse de la mejor forma a tus ventas.

Como alternativa, en lugar de vender tu oro en un sitio web, también puedes venderlo en una casa de empeño de lingotes de oro. Aquí recibirás un pago instantáneo, no tendrás que preocuparte por el envío de tu oro, pero probablemente tendrás que ofrecerlo a un precio mucho más bajo que el que ofrecería a un comprador en línea. En este caso, es posible que tengas que negociar para conseguir el precio que deseas, ya que los empleados que trabajan en las casas de empeño no suelen estar informados sobre el oro. También puedes vender tu oro joyeros locales, los cuales también suelen ofrecer precios mucho más bajos que los compradores en línea. Con esta opción, sin embargo, debes tener en cuenta que no todos los joyeros compran oro.

El proceso de venta puede ser muy sencillo. Como inversor principiante, lo mejor que puedes hacer es ponerte en contacto con un comprador de oro experimentado y de confianza. Si están interesados en comprar tu oro al precio que tu quieres venderlo, elige un método de envío utilizando el correo asegurado y prepagado por tu comprador. A continuación, sus tasadores inspeccionarán tu oro. Si no presentas una oferta al comprador, éste hará su oferta. A menudo es mejor que el comprador potencial haga una oferta antes de que tú le recomiendes una.

El motivo es que puedes negociar lo que están dispuestos a pagar si no estás satisfecho con su oferta. Si está muy por debajo del precio que buscabas, puedes optar por un comprador alternativo y ver qué te ofrece. Luego puedes comparar las ofertas hasta encontrar una que se acerque al precio al que quieres venderlo. En caso de que aceptes una oferta, deberás recibir el pago mediante un cheque o una transferencia bancaria en un plazo de 24 a 48 horas tras el cierre del trato. Si rechazan la oferta, pero ya tú has enviado los objetos de oro a tu comprador, le debes cobrar ciertos gastos. Estos incluyen el envío de vuelta, la manipulación y la tasación de los mismos. Por lo tanto, debes considerar cuidadosamente a qué compradores potenciales envías tu oro.

Capítulo 7:

Sección extra - cómo vender plata

Ahora que estás bien informado acerca de cómo invertir en oro, ¿por qué no consideras invertir en plata también? Al fin y al cabo, de la misma forma que el oro, la plata hará maravillas en tu cartera de inversiones.

La plata es un metal precioso al igual que el oro y te ofrece muchos beneficios similares. La ventaja de la plata en comparación con el oro es que es relativamente más barata. Es una inversión que merece la pena porque es más práctica, sobre todo para el comerciante que realiza compras diarias. A menudo está disponible en denominaciones más pequeñas que el oro. Esto significa que puedes comprarla y venderla de acuerdo a tus necesidades del momento. Además, supera al oro en los mercados alcistas y también se utiliza para fines industriales.

Así como con el oro se puede invertir en plata de varias formas, entre las que se incluyen las siguientes:

- Monedas, lingotes y barras de plata
- Contratos de futuros de plata
- Acciones mineras de plata
- ETF de plata y fondos mutuos
- Empresas de transmisión de plata

La autenticidad de la plata se puede corroborar teniendola en físico o revisando sus fotos. Puedes distinguir entre la auténtica y la falsa comprobando el sello, al igual que harías con el oro. Además, debes saber que la plata de la mayoría de los países tiene un sello oficial, por lo que si la plata que estás comprando no posee un sello oficial, asegúrate de comprobar si el país desde el que la compras sella su oro oficialmente. El sello de la plata debe tener una clasificación de sello internacional de plata de tres dígitos de numeración que representan su pureza.

La plata falsa no incluirá ninguna marca de ceca, o probablemente contendrá copias inexactas de marcas de ceca reales. La plata auténtica pierde su valor rápidamente cuando se expone a los elementos naturales debido al deslustre, y gracias a esto podrás apreciar si ha sido tratada antes. El metal precioso emite un sonido de timbre al ser golpeado. Algunas de las pruebas que puedes aplicar para comprobar su pureza son; la prueba del ácido, la prueba del sonido, la prueba de la lejía y la prueba del hielo.

La plata puede almacenarse en el interior cuando se compra en pequeñas cantidades, ya sea en una caja de seguridad bancaria o en una cámara acorazada de terceros, pero debes tomar en cuenta que la plata requiere más espacio de almacenamiento que el oro.

Cuando quieras comprar plata, debes saber qué tipo quieres comprar. Los tipos de plata más comunes son las monedas y las barras. Sea cual sea el tipo que elijas comprar, tienes que familiarizarte con su tamaño. Tanto el oro como las barras de plata se pesan en onzas troy. Una vez que empieces a comprar plata, debes buscar un buen precio y encontrar un vendedor que te dé la tasa más cercana al precio al contado. Algunas de las mejores ofertas pueden encontrarse en lingotes de plata genéricos y de fabricantes locales.

Si evalúas la pureza de la plata, y se la compras a un vendedor de confianza, estarás realizando una buena inversión. Conservar la plata hasta que el precio de la misma aumente, te permitirá beneficiarte de ella al venderla.

La compra de la plata debe tomarse tan en serio como la del oro. Requiere que investigues lo suficiente sobre los diferentes tipos existentes, especialmente sobre las monedas si optas por comprarlas. Nunca debes obsesionarte con la compra de productos de plata que sean nuevos, ni pagar más gastos de envío de los necesarios, ni sucumbir a precios baratos si la calidad es deficiente.

Si vas a invertir en algo, recuerda que no hay atajos. No debes conformarte con menos de lo que pagas. Si quieres aprender más sobre cómo invertir en plata, puedes consultar mi otro libro titulado *"Las mejores formas de invertir en plata"*.

Conclusión

El hecho de que muchas personas de clase media, que es la mayoría de las personas en todo el mundo, piensen que no pueden invertir en oro debido al nivel de ingresos en el que se encuentran es asombroso. No es cierto. El oro es para todos, y es muy fácil comenzar y beneficiarse de su valor de inversión atemporal.

Claro, parece algo muy importante invertir dinero en cualquier cosa, especialmente en algo tan valioso como el oro. Sin embargo, con mis años de experiencia en el mercado comercial, descubrí que cualquiera puede invertir y también puede hacerlo con muy poco dinero como inversión inicial.

Esta guía te ha proporcionado todo lo que necesitas saber para comenzar tu viaje hacia una inversión exitosa en oro. A estas alturas ya sabes que, aunque todas las inversiones conllevan riesgos, el oro es una de las inversiones más seguras que puedes hacer y te brinda la oportunidad de obtener ganancias en todas las condiciones del mercado.

Ya sea que tengas un trabajo corriente, seas un estudiante o incluso seas alguien que se va a jubilar pronto, puedes crear un pequeño fondo de ingresos y usar el oro para hacer que tu cartera de inversiones existente sea más segura. Si deseas obtener más información sobre cómo invertir en oro u otros metales, échale un vistazo a mis otros libros.

Sin importar cuales sean tus motivaciones para invertir, es un hecho que convertirte en un inversor te dará la oportunidad de mejorar tu vida. Ahora que ya estás preparado, finalmente puedes conquistar el mercado y hacerlo con gran determinación y equilibrio. Un futuro mejor te espera si tienes la paciencia y la perseverancia para perseguirlo.

Referencias

Aaron, C. (2020, October 31). *Latest Gold Price Forecast & Predictions | Gold Eagle.* (n.d.). Www.Gold-Eagle.com. https://www.gold-eagle.com/forecasts_predictions

A Beginner's Guide to Investing in Precious Metals. (2019, September 15). Provident Metals. https://www.providentmetals.com/knowledge-center/precious-metals-resources/beginners-guide-investment.html#

Alterman, Elizabeth. (2011, August 11). CNBC.com, E. A. to. (2011, August 11). *Owning Gold Is One Thing, Storing It Quite Another.* Www.Cnbc.com. https://www.cnbc.com/id/43975881

Anderson, Antony. Allen. (2019, December 20). *Council Post: Three Critical Gold Investing Mistakes To Avoid.* Forbes. Retrieved November 11, 2020, from https://www.forbes.com/sites/forbesfinancecouncil/2019/12/20/three-critical-gold-investing-mistakes-to-avoid/?sh=7294291e36f6

Andrew, Bloomenthal. (2020, September 7). *The Better Inflation Hedge: Gold or Treasuries?* Investopedia. Retrieved November 5, 2020, from https://www.investopedia.com/articles/investing/092514/better-inflation-hedge-gold-or-treasuries.asp

Anthony, Craig. (2020, February 16). *Taxes on Physical Gold and Silver Investments.* Investopedia. Retrieved November 15, 2020, from https://www.investopedia.com/articles/personal-finance/081616/understanding-taxes-physical-goldsilver-investments.asp

Atkinson, Dan. (2020, August 3). *Gold price forecast for the next 5 years.* Capital.Com.https://capital.com/gold-price-forecast-next-5-yearshttps://capital.com/gold-price-forecast-next-5-years

Beattie, A. (2019). How to Calculate Return on Investment – ROI. In *investopedia.com.* https://www.investopedia.com/articles/basics/10/guide-to-calculating-roi.asp

Blackstone, Victoria Lee. (2019, August 18). *The Advantages of Owning Precious Metals.* (2012). Zacks.Com. https://finance.zacks.com/advantages-owning-precious-metals-1143.html

Bitcoin and Gold Correlation Reaches Record High 70% | Finance Bitcoin News. (2020, August 12). Bitcoin News. *https://news.bitcoin.com/bitcoin-and-gold-correlation-reaches-record-high-70-bolstering-btcs-store-of-value-credentials/*

Brecht, Kira. (2015, May 27). *3 Ways to Diversify Your Portfolio With Gold.* US News & World Report; U.S. News & World Report. https://money.usnews.com/money/personal-finance/mutual-funds/articles/2015/05/27/3-ways-to-diversify-your-portfolio-with-gold

Brooks, Allyson. (2020, October 8) *How to Invest in Gold in 2020 : Step-by-Step Benzinga. (2015, February 7). Benzinga.* https://www.benzinga.com/money/how-to-invest-in-gold/

Bureau, B. O. (2018, November 5). *Do's And don'ts Of Buying Gold.* BW Businessworld. Retrieved November 16, 2020, from http://www.businessworld.in/article/Do-s-And-don-ts-Of-Buying-Gold/05-11-2018-163698/

Caplinger, Dan. (2020, July 25). *Silver Is Soaring. Here Are 5 Ways You Can Profit.* The Motley Fool. https://www.fool.com/investing/2020/07/25/silver-is-soaring-here-are-5-ways-you-can-profit.aspx

Cattlin, Becca. (n.d.). *Trend trading strategies: a beginners' guide.* IG. Retrieved November 15, 2020, from https://www.ig.com/za/trading-strategies/trend-trading-strategies--a-beginners-guide-190809

Chakrabarty, Amitava. (2020, August 11). *Golden Portfolio: Know different ways of investing in gold and risks involved.* (2020, August 11). The Financial Express. https://www.financialexpress.com/money/golden-portfolio-know-different-ways-of-investing-in-gold-and-risks-involved/2051991/

Chen, James. (2020, August 31). *The Anatomy of Trading Breakouts.* (2020). Investopedia. https://www.investopedia.com/articles/trading/08/trading-breakouts.asp

Clark, Jeff. (n.d.). *How to Store Gold at Home.* (n.d.). GoldSilver.com. Retrieved November 16, 2020, from https://goldsilver.com/blog/how-to-store-gold-at-home/

Clark, Jeff. (n.d.). *How to Store Silver Bullion Bars and Coins at Home (With Video)*. (n.d.). GoldSilver.com. Retrieved November 16, 2020, from https://goldsilver.com/blog/how-to-store-silver-at-home/

Plata falsificada: ¿Cómo detectar la plata falsa? (n.d.). GoldBroker.com. Recuperado el 16 de noviembre, 2020, desde https://www.goldbroker.com/investing-guide/counterfeit-silver-how-to-spot-fake-silver

Crowder, David. (2017, October 31) *Tips When It Comes to Buying Gold Bullion in Monthly Installments*. (2017, October 31). Gold IRA Guide. https://goldiraguide.org/tips-when-it-comes-to-buying-gold-bullion-in-monthly-installments/

Day trading. (2020, May 23). *Wikipedia*. https://en.wikipedia.org/wiki/Day_trading

DeCambre, M. P. S., , Mark. (2020, September 21). *Gold prices drop nearly 3% as rise in coronavirus cases sparks dollar rally*. MarketWatch. Retrieved November 3, 2020, from https://www.marketwatch.com/story/gold-prices-sink-with-stocks-as-rise-in-coronavirus-cases-sparks-rush-to-dollars-weighing-on-bullion-2020-09-21

Dhawan, Sunil. (2020, June 22). *Here's how to build an investment portfolio with varying asset allocation*. (2020, June 22). The Financial Express.

https://www.financialexpress.com/money/mutual-funds/gold-etf-vs-mutual-funds-heres-how-to-build-an-investment-portfolio-with-varying-asset-allocation/1999846/

Dhawan, Vikram. (2020, August 28. *Should You Invest In Gold Right Now? What Are The Options Available For Investing In Gold?* (n.d.). Www.Etmoney.com. Retrieved November 15, 2020, from https://www.etmoney.com/blog/should-you-invest-in-gold-right-now-what-are-the-options-available-for-investing-in-gold/

Dolan, Brian. (2020, July 31). *Time Horizon.* (2019). Investopedia. https://www.investopedia.com/terms/t/timehorizon.asp

Durrett, D. (2019, November 10). *How to Value Gold & Silver Mining Stocks.* Medium. https://medium.com/@durrettdon/how-to-value-gold-silver-mining-stocks-e82b771a5f4d

Egan, J. (2020, October 26). *Insuring And Protecting Your Gold And Silver.* Forbes Advisor. https://www.forbes.com/advisor/homeowners-insurance/protecting-gold-and-silver/

Essex, Martin. (n.d.). MSTA, M. E., & MSTA, M. E. *How to Trade Gold: Top Gold Trading Strategies and Tips.* DailyFX. Retrieved November 15, 2020, from https://www.dailyfx.com/gold-price/how-to-trade-gold.html

Fisher, Daniel. (2018, February 21). *The Do's and Don'ts of Buying Gold | Proven Methods | Physical Gold Ltd.* (2018, February 21). Physical Gold. https://www.physicalgold.com/insights/dos-donts-buying-gold/

Fitz-Gerald, K. (2014, November 14). *My Secret Gold Investing Strategy.* Money Morning - We Make Investing Profitable. https://moneymorning.com/2014/11/14/my-secret-gold-investing-strategy/

Flexible Plan Investments. (2018, August 8). *How does gold perform in different market scenarios?* (2018, August 8). Proactive Advisor Magazine. https://proactiveadvisormagazine.com/gold-performance-in-different-market-scenarios/

Foster, S. (2019, September 5). *How is the U.S. economy doing? Here are 5 key signs to watch right now.* Bankrate; Bankrate.com. https://www.bankrate.com/personal-finance/how-us-economy-is-doing/

Friedberg, Barbara. (2020, November 6). *Top 10 Best Gold Dealers | ConsumerAffairs.* (n.d.). Www.Consumeraffairs.com. Retrieved November 16, 2020, from https://www.consumeraffairs.com/finance/gold-dealers/

Gallagher, Anthony. (2020, October 25). *Investing in Silver – Everything you Need to Know.* Securities.Io; Securities.io. https://www.securities.io/investing-in-silver-everything-you-need-to-know/

Glenn. (2020, August 26). *Paper Gold vs Physical Gold - What Should You Buy in 2020?* (2020, August 25). Gold Survival Guide. https://goldsurvivalguide.co.nz/paper-gold-vs-physical-gold-what-should-you-buy/

Goetz, Lisa. (2020, September 10). *How Do You Purchase Physical Gold Bars? Investopedia. Retrieved November 16, 2020, from https://www.investopedia.com/articles/investing/072316/how-do-you-purchase-physical-gold-bars.asp*

Gold Cycle - Analyze, Predict and Profit | Sunshine Profits. (n.d.). Www.Sunshineprofits.com. Retrieved November 12, 2020, from https://www.sunshineprofits.com/gold-silver/dictionary/gold-cycle/

Gold mining stocks. (n.d.). World Gold Council. Retrieved November 13, 2020, from https://www.gold.org/what-we-do/investing-gold/how-buy-gold/gold-mining-stocks

Cartera de oro, cartera de plata, cartera de metales preciosos | Sunshine Profits. (n.d.). Sunshineprofits.com. https://www.sunshineprofits.com/gold-silver/gold-investment-ideas/gold-portfolio/

Evolución del precio del oro: diez factores de influencia principales. (2020, May 15). *Xetra-Gold.Com. Recuperado el 5 de noviembre, 2020, desde https://www.xetra-gold.com/en/gold-news/gold-price-development-ten-major-influencing-factors/*

Gold Prices - 100 Year Historical Chart. (2001). Macrotrends.Net. https://www.macrotrends.net/1333/historical-gold-prices-100-year-chart

Group, C. M. E. (2020, May 21). *What Can We Learn From Gold's Relationship To Other Assets?* Benzinga. https://www.benzinga.com/general/education/20/05/16086432/what-can-we-learn-from-golds-relationship-to-other-assets

GOLD Stock Price | Barrick Gold Corp. Stock Quote (U.S.: NYSE). (2020, November 13). MarketWatch. Retrieved November 13, 2020, from https://www.marketwatch.com/investing/stock/gold

Hankin, A. (2019, January). *Americans lost $1.7 billion trading bitcoin in 2018 — and more than half don't know they can claim a deduction.* MarketWatch. https://www.marketwatch.com/story/americans-lost-17-billion-trading-bitcoin-in-2018-and-more-than-half-dont-know-they-can-claim-a-deduction-2019-01-15

Hawk, Jay. (2019, August 13). *The Best Gold Brokers to Use in November 2020 • Benzinga.* (2019, August 13). Benzinga. https://www.benzinga.com/money/gold-brokers/

Hernández, A. (2018, December 13). *Physical Gold Vs. Paper Gold, What Should You Buy?* Seeking Alpha. https://seekingalpha.com/article/4228028-physical-gold-vs-paper-gold-what-should-you-buy

How to Test if Gold is Real? (n.d.). Bullionexchanges.com. https://bullionexchanges.com/learn/test-gold-real

Inflation Adjusted Gold Investment Return Calculator - DQYDJ. (2020, September 7). DQYDJ – Don't Quit Your Day Job... https://dqydj.com/gold-return-calculator/

Investing in Commodity Indices or Gold Directly. (n.d.). World Gold Council. Retrieved November 9, 2020, from https://www.gold.org/goldhub/research/gold-when-investing-in-commodities

Johnston, M. (n.d.). *Top Gold Stocks for November 2020*. Investopedia. Retrieved November 13, 2020, from https://www.investopedia.com/investing/gold-stocks/

Kennedy, Mark. (2020, March 12). investment, F. B. F. L. M. K. wrote about, Balance, exchange-traded funds for T., owns, SEO, operates a P., & Kennedy, marketing company R. T. B. editorial policies M. (n.d.). *Investing Advantages With Gold ETFs*. The Balance. Retrieved November 10, 2020, from https://www.thebalance.com/gold-etf-what-you-need-to-know-1214748#how-to-use-gold-etfs

Kinross World. *Learn how gold is being used in COVID-19 testing - Kinross World Online Newsletter*. (2020, May 13). Kinross World Online Newsletter. https://kinrossworld.kinross.com/en/learn-how-gold-is-being-used-in-covid-19-diagnostic-kits/

Kuepper, Justin. (2018, July 4). *Countries With the Largest Gold Reserves*. The Balance. Retrieved November 2, 2020, from https://www.thebalance.com/which-countries-have-the-largest-gold-reserves-4151249

Lemon, Adam. (2011, March 8). *How to Trade Gold: Strategies and Tips for 2020*. (n.d.). DailyForex. Retrieved October 31, 2020, from https://www.dailyforex.com/forex-articles/2016/03/time-to-trade-gold/56576

Little Ken. (2020, April 24). *The Difficult Decision in Buying Gold*. The Balance. https://www.thebalance.com/should-you-buy-gold-3140477

Maneker, Marion. (2015, August 4). *Art vs. Gold, A Brief Crisis Correlation Now Out of Sync.* (2015, August 4). Art Market Monitor. https://www.artmarketmonitor.com/2015/08/04/art-vs-gold-a-brief-crisis-correlation-now-out-of-sync/

Mercadante, Kevin. (2019, April 4). *Investing In Gold - Is It Time To Add Some To Your Portfolio?* (n.d.). Money Under 30. Retrieved November 2, 2020, from https://www.moneyunder30.com/buying-gold-is-it-time-to-add-some-to-your-portfolio

Miranda, Marquit. (2020, May 5). *Adding Gold to Your Portfolio as an Investment. The Balance. https://www.thebalance.com/pros-and-cons-of-having-gold-in-your-portfolio-4154362*

6 Mistakes People Make When Buying Physical Gold. (2020, November 2). The Smart Investor. https://infoforinvestors.com/investing/gold/gold-buying-mistakes/

Mitchell, Cory. (n.d.). *How To Buy Gold Options*. Investopedia. Retrieved November 10, 2020, from https://www.investopedia.com/articles/active-trading/052014/how-buy-gold-options.asp

Mitkus, R. (2019, November 23). https://investing-abc.com/tips-and-tricks-for-investing-in-gold-and-silver/

Moneyweek. (2006, July 5). *How to value a mining stock*. (n.d.). MoneyWeek. Retrieved November 13, 2020, from https://moneyweek.com/5609/how-to-value-a-mining-stock

Moore, Simon. (2018, July 26). *6 Expert Investment Portfolios You Can Implement Today*. Forbes. Retrieved November 16, 2020, from https://www.forbes.com/sites/simonmoore/2018/07/26/six-expert-investment-portfolios-you-can-implement-today/?sh=74696e2974b2

Morgan, David. (2011, September 15). *How to make money investing in Silver--*. (2011, September 15). The Morgan Report News. https://www.themorganreport.com/blog/how-to-make-money-investing-in-silver/

Nath, T. (n.d.). *Why is Gold a Counter Cyclical Asset?* Investopedia. https://www.investopedia.com/articles/investing/102715/why-gold-counter-cyclical-asset.asp

Pankratyeva, Alexandra. (2020, May 27). Capital.com. https://capital.com/physical-gold-vs-paper-goldhttps://capital.com/physical-gold-vs-paper-gold

Perth Mint Certificate Program | Guide & Information from BullionVault. (n.d.). Www.Bullionvault.com. Retrieved November 13, 2020, from https://www.bullionvault.com/gold-guide/perth-mint-certificate-program

Radomski, Przemyslaw. (2012, September 19). *Gold Portfolio, Silver Portfolio, Precious Metals Portfolio | Sunshine Profits*. (n.d.). Www.Sunshineprofits.com. Retrieved November 14, 2020, from https://www.sunshineprofits.com/gold-silver/gold-investment-ideas/gold-portfolio/

Rcbullion.com. (2020). https://rcbullion.com/gold-investing-strategies.html

Research, T. (2019, September 2). *The Choice Between Gold, Silver, And Platinum*. Seeking Alpha. https://seekingalpha.com/article/4289164-choice-gold-silver-and-platinum

Reuben, Gregg Brewer. (2018, August 26). *The Beginner's Guide to Investing in Gold*. The Motley Fool; The Motley Fool. https://www.fool.com/investing/the-beginners-guide-to-investing-in-gold.aspx

Roberts-Grey Gina. (2020, September 8). *Should You Get a Gold IRA?* Investopedia. Retrieved November 15, 2020, from https://www.investopedia.com/articles/personal-finance/091814/analysis-should-you-get-gold-ira.asp

Rothans, J. (2020, January 31). *How Do Gold & Bonds Compare?* U.S. Money Reserve. https://www.usmoneyreserve.com/blog/gold-or-bonds/

Schiff, P. (2014, February 23). *What Are the Pros and Cons of 24k vs. 22k Gold Coins?* SchiffGold. https://schiffgold.com/faq/24k-vs-22k-gold-coins/

Scott, Gordon. (2020, October 6). *Bear Market Definition*. (2019). Investopedia. https://www.investopedia.com/terms/b/bearmarket.asp

Sean. (2020, September 23). How to Invest in Gold for the Next Recession. (2020, January 14). Warrior Trading. https://www.warriortrading.com/how-to-invest-in-gold/

Sepanek, Eric. (2014, July 24). *How To Test Gold – 5 Simple Ways To Spot Fake Gold*. Scottsdale Bullion & Coin; Scottsdale Bullion & Coin. https://www.sbcgold.com/blog/test-gold-5-simple-ways-spot-fake-gold/

Sharma, Karan. Deo. (2020, July 23). *How to get the right mix of equity, gold and fixed income in your investment portfolio*. 30 Stades. https://30stades.com/2020/07/23/how-to-get-the-right-mix-of-equity-gold-fixed-income-in-your-investment-portfolio-asset-allocation-tips-covid-19/

Sherman, Erik. (2020, May 15). *Time To Consider A Little Gold In Your Investment Portfolio*. Forbes. Retrieved November 16, 2020, from https://www.forbes.com/sites/eriksherman/2020/05/14/gold-portfolio-volatility/?sh=4f687e6458b9

Shetty, Adhil. (2020, August 31). *Planning to invest in Gold Mutual Funds? Keep in mind these important things*. (2020, August 31). The Financial Express. https://www.financialexpress.com/money/planning-to-invest-in-gold-mutual-funds-keep-in-mind-these-important-things/2070229/

Smith, Elliot. (2020, March 6). *As gold prices gather momentum, scammers are looking to capitalize*. CNBC. https://www.cnbc.com/2020/03/06/as-gold-prices-gather-momentum-scammers-are-looking-to-capitalize.html

Smith, H. Steven. (2015, January 1). *Tax-efficient investing in gold*. (2015, January 1). Journal of Accountancy. https://www.journalofaccountancy.com/issues/2015/jan/investing-in-gold-tax-considerations.html

Suppliers, G. B. (2018, February 7). *How Much Do I Need to Invest in Gold?* Global Bullion Suppliers. Retrieved November 13, 2020, from https://globalbullionsuppliers.com/blogs/blog/how-much-do-i-need-to-invest-gold

Thorson, AG. (n.d.). *Latest Gold Price Forecast & Predictions | Gold Eagle*. Www.Gold-Eagle.Com. Retrieved November 3, 2020, from https://www.gold-eagle.com/forecasts_predictions

The relevance of gold as a strategic asset - individual investors. (2020, May 27). World Gold Council. Retrieved November 16, 2020, from https://www.gold.org/goldhub/research/relevance-of-gold-as-a-strategic-asset-2020-individual

Thune, Kent. (2020, March 13). funds, F. B. F. L. F. T. K. T. is the mutual, Planner, investing expert at T. B. H. is a C. F., Advisor, I., & Thune, writer R. T. B. editorial policies K. (n.d.). *Learn How to Invest in Silver With Mutual Funds, ETFs, and ETNs*. The Balance. Retrieved November 16, 2020, from https://www.thebalance.com/how-to-invest-in-silver-2466739

10 Tips How to Avoid Gold Investment Scams – Gold and Silver Expert. (n.d.). Goldandsilverexpert.com. Retrieved November 11, 2020, from https://goldandsilverexpert.com/10-tips-how-to-avoid-gold-investment-scams/

Treacy, Eoin. (2019, April 16). *Understanding Gold: A step by step guide to gold as an asset class.* (2019, April 15). Proactive investors UK. https://www.proactiveinvestors.co.uk/companies/news/218586/understanding-gold-a-step-by-step-guide-to-gold-as-an-asset-class-218586.html

TYPES OF GOLD INVESTMENTS. (n.d.). Gold Price. Retrieved November 11, 2020, from https://goldprice.com/project/types-of-gold-investments/

Voigt, Kein. (2020, November 2). *Best Gold ETFs for November 2020.* (n.d.). NerdWallet. Retrieved November 13, 2020, from https://www.nerdwallet.com/article/investing/best-gold-etfs

Waggoner, John. (2020, April 10). *Investing in Gold Comes with Risks.* AARP. https://www.aarp.org/money/investing/info-2020/buying-gold-risks.html

Waller, Ted. (2016, April 13). *The 3 Types Of Gold Investing*. Seeking Alpha. https://seekingalpha.com/article/3964914-3-types-of-gold-investing

What is Black-scholes Model? Black-scholes Model Meaning - The Economic Times, Definition of Black-scholes Model. (2020, November 13). *Definition of Black-scholes Model | What is Black-scholes Model? Black-scholes Model Meaning - The Economic Times*. The Economic Times. https://economictimes.indiatimes.com/definition/black-scholes-model

Williams, S. (2016, October 13). *7 Common Factors That Influence Gold Prices*. The Motley Fool; The Motley Fool. https://www.fool.com/investing/2016/10/13/7-common-factors-that-influence-gold-prices.aspx

Wilson, Lorimer. (2020, September 1). *Gold: $3,000 – $5,000 Possible By 2022; Here's Why (+11K Views)*. (n.d.). MunKNEE.com. Retrieved November 7, 2020, from https://www.munknee.com/gold-3000-5000-possible-by-2020-2022-if-not-sooner-heres-why/